Anne Graham Lotz

Verletzt und enttäuscht

Wenn Christen einander wehtun …
Entdecke, wie Gottes Liebe dein Herz heilt

cap-books

Bestell-Nr.: 52 50608
ISBN 978-3-86773-329-8

Originaltitel:
Wounded by God's People
Copyright © 2013 by Anne Graham Lotz

Published by arrangement with The Zondervan Corporation L.L.C. a subsidiary of HarperCollins Christian Publishing, Inc.

Deutsche Ausgabe mit freundlicher Genehmigung
Alle Rechte der deutschen Ausgabe vorbehalten
© 2019 cap-Verlag
Oberer Garten 8
D-72221 Haiterbach-Beihingen
07456-9393-0
info@cap-music.de
www.cap-books.de

Umschlaggestaltung: Olaf Johannson, spoon design
Fotonachweis: zakalinka/Shutterstock.com
Übersetzung: Marita Wilczek
Satz: Nils Großbach
Printed in Europe

Bibelstellen, wenn nicht anders angegeben:
Lutherbibel, revidiert 2017, © 2016 Deutsche Bibelgesellschaft, Stuttgart

NL: Neues Leben. Die Bibel, © der deutschen Ausgabe 2002 und 2006 SCM R. Brockhaus im SCM-Verlag GmbH & Co. KG, Witten.

Inhalt

Aus einer Quelle geschöpft..7
   Vorwort von Beth Moore

Prolog: Jesus versteht 11
   Er wurde selbst verwundet

Einleitung: Heilung ist ein Weg 17
   Sie sind eingeladen, sich auf den Weg zu machen

Die Geschichte von Hagar in der Bibel............................21

  1 Am Rand der Gesellschaft von Gott geliebt....................25
     Gott ist nicht elitär

  2 Das Leben ist hart 39
     Jeder ist verwundet

  3 Der Schmerzkreislauf 51
     Die Verwundeten verwunden andere

  4 Gläubige im Exil...67
     Flucht vor Menschen, die verwunden

  5 Gott achtet auf Sie 77
     Sie können ihm nicht davonlaufen

6 Geistlich blinde Flecken 89
Sie übersehen das, was offensichtlich ist

7 Verwundungen tun weh 105
*Das Richtige zu tun kann schmerzhaft sein für den,
der verwundet*

8 Von Menschen abgelehnt 121
Aber nicht von Ihm

9 Weg durch die Wüste 131
Gott ist immer noch da

10 Gott steht bereit 141
Er hört Ihren Hilferuf

11 Das Schweigen wird gebrochen 155
*Gott ist ein Gott, der Gebete hört,
Gebete beantwortet und Wunder tut*

12 Ein hartnäckiger Geist 169
Ein Exil von Gott ist selbstgewählt

13 Der Wendepunkt 179
Was damals war, und was heute ist

14 Ich kann sehen! 189
Ihr Tal könnte der Ort einer neuen Sicht sein

15 Nicht zurückschauen 201
*Sie kommen nicht weiter,
solange Sie in den Rückspiegel schauen*

16 Es ist Zeit, weiterzugehen 219
Versöhnung ist möglich

Zum Schluss: Das Ende des Heilungsweges 229
Es ist Zeit, nach Hause zu kommen

Nachwort: Tief gebrochen 237

Dank: Aufgerichtet 241

Anmerkungen 245

*Den
Verwundeten
gewidmet*

*Er heilt,
die zerbrochenen Herzens sind,
und
verbindet ihre Wunden.*
Psalm 147,3

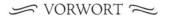

VORWORT

Aus einer Quelle geschöpft

In einer Zeit, in der viele Menschen keine Meinungsäußerung auslassen und jeden impulsiven Gedanken öffentlich mitteilen, wägt Anne Graham Lotz ihre Worte sorgfältig ab und überlegt sich genau, was sie schreibt. Als mir ihr Buch mit dem Titel „Verletzt und enttäuscht" in die Hände fiel, war ich sehr gespannt auf das, was sie zu sagen hätte. Zwei Dinge waren mir von vornherein klar: Anne war sich absolut sicher, dass Gott ihr den Auftrag zum Schreiben gegeben hatte; und ihre eigenen Verletzungen waren tief genug gewesen, um den Auftrag des Buchschreibens bis zum Ende durchzuhalten. Autoren wählen die Themen ihrer Bücher nicht immer selbst. Hier sind es ihr eigener Lebensweg und ihr eigener Schmerz, die die Wahl getroffen haben.

Anne zeigt anhand der biblischen Geschichte von Hagar, wie eine junge ägyptische Sklavin durch Menschen aus dem Volk Gottes verwundet wurde – ja, sogar durch einen Mann, den Gott seinen Freund nannte: Abraham. Der nötige Stoff für die weiteren Kapitel kommt wie eine Quelle aus dem Buch Genesis, ganz ähnlich der Quelle, die Gott benutzte, um Hagar die Augen zu öffnen. Anne wird Sie zur Quelle führen, so wie sie es bei mir tat. Und vielleicht geht es Ihnen wie mir, dass Sie einige ungeklärte Dinge in Ihrem Leben entdecken. Sie merken, dass der Zeitpunkt gekommen ist, diese Dinge von Gott mit dem Wasser dieser Quelle durchspülen und reinigen zu lassen. Anne geht von ihren eigenen Erfahrungen aus, doch nicht, um etwas auszuschlachten oder jemanden zu verunglimpfen, sondern um die Dinge auszuloten und sich in die Beteiligten einzufühlen. Und sie lädt die Leser ein, den Weg zu einem heilwerdenden Herzen mitzugehen.

Wunden, die uns aus unseren eigenen Reihen zugefügt werden, sind anders als die Wunden, die ein Feind schlägt. Wir können sie nicht als Bosheiten fremder Menschen einordnen. Es sind persönliche Verletzungen. Sie wurden uns von Menschen zugefügt, die uns kennen und von denen wir glaubten, dass sie uns lieben oder dass sie zumindest gut über uns denken. Und da es nicht einfach Leute aus unserem allgemeinen Bekanntenkreis sind, sondern Menschen, die sogar zum *Volk Gottes* gehören, kann die Verletzung zu einer klaffenden Wunde aufreißen.

Entfremdung

～

Einsamkeit

～

Scham

Jakobus drückt es so aus: „Aus einem Munde kommt Loben und Fluchen. Das soll nicht so sein, meine Brüder und Schwestern" (Jakobus 3,10). Doch leider gibt es solche schmerzlichen Erfahrungen. Und wahrscheinlich sind sie in dieser unvollkommenen Welt zwischen unvollkommenen Menschen, wie Sie und ich es sind, auch zu erwarten.

Gott sei Dank, dass wir nicht ohne Heilmöglichkeiten sind. Und wir sind auch nicht alleine. Die Bibel berichtet von einer großen Wolke von Zeugen, die von ihren eigenen Leuten verletzt und auf die eine oder andere Weise aus dem eigenen Lager hinausgedrängt wurden. Als neutestamentliche Christen werden wir die Erfahrung machen, dass wir durch solche

Schmerzen auf zutiefst prägende Weise an den Leiden Christi teilhaben. Bei ihm, der in allen Dingen geprüft, versucht und geschlagen wurde wie wir – doch ohne Sünde blieb –, da musste der Verräter Judas aus dem engen Kreis der eigenen Freunde kommen. Verrat ist Ausdruck einer gewissen Kameradschaft. Eine Beziehung, die vorher einen Wert hatte, wird nun als verzichtbar erachtet. Dank der geistlichen Reife einer Autorin wie Anne Graham Lotz spricht sie auf diesen Seiten nicht nur vom *Verletzt-Werden*, sondern auch darüber, wie leicht wir *andere* verletzen können. So ein Mensch bin ich gewesen. Und vielleicht waren Sie es auch. Da macht es uns dankbar, dass wir auch als *Verursacher* von Verletzungen Heilung und Wiederherstellung erfahren können. Keiner von uns lebt außerhalb Gottes Reichweite. In seinem Wort ist jeder von uns angesprochen, in seinen weisen Ratschluss einbezogen und dabei vollständig in seine unermessliche Liebe gehüllt. Er ist die Quelle, die nie versiegen wird.

Ich bin so dankbar für Anne Graham Lotz. Sie ist ein Gnadengeschenk für den Leib Christi. Sie ist, so glaube ich, eine Seltenheit in unserer Kultur. Gott allein weiß, was sie nach seiner Vorsehung ertragen musste, um Absichten zu erfüllen, die weit über ihr eigenes Wohl und ihre Heilung hinausgehen. Ich bin überzeugt, dass vieles von dem, was sie auf diesen Seiten mit so viel Transparenz und Demut weitergibt, ihr in den Weg gelegt wurde, weil Gott wusste, dass sie ihre Heilung nicht für sich behalten würde. Das liegt in der Natur des Evangeliums. Wenn man in einer schlimmen Zeit eine gute Nachricht findet, muss man sie weitersagen.

Tauchen Sie in dieses Buch ein, und Sie werden einen Gott finden, der Sie mitten in der Wildnis schon gefunden hat. Lassen Sie zu, dass er ganz liebevoll zu Ihnen spricht.

Beth Moore
Living Proof Ministries

PROLOG

Jesus versteht

Er wurde selbst verwundet

Wenn ich auf mein Leben zurückschaue, stelle ich traurig fest, dass mir einige der schmerzhaftesten Wunden von gläubigen Menschen zugefügt wurden – von Gottes Volk. Diejenigen, die mich am tiefsten verletzt haben, die besonders unfreundlich waren, die mich betrogen, verleumdet und unterwandert haben, waren Menschen, die sich auf den Namen Gottes beriefen. Sie verstanden sich selbst als Christen und wurden auch von anderen als solche betrachtet. Doch es waren Männer und Frauen, deren Worte und Verhaltensweisen nicht mit dem übereinstimmten, was sie angeblich glaubten, sondern Gottes Wort widersprachen. Noch heute schüttele ich fassungslos den Kopf, wenn ich an einige schmerzhafte Erfahrungen zurückdenke, von denen ich in diesem Buch sprechen werde.

Ein erschwerender Faktor für alle, die durch das Verhalten solcher Christen verwundet wurden, ist, dass wir oft still leiden. Das lässt mich fragen: Gehören Sie auch dazu? Vielleicht gleichen Sie jener lieben Frau, die schweigend litt und ihre Verwundung in einem Brief an mich zum Ausdruck brachte:

Ich kann Ihnen gar nicht sagen, wie oft ich so heftig weinen musste, dass ich am ganzen Körper zitterte, weil mir in der Kirche so schmerzliche Dinge angetan wurden ... Ich war so verletzt, dass ich für längere Zeit gar nicht mehr am Gottesdienst teilnahm … Seit einiger Zeit besuche ich nun eine andere Gemeinde, aber ich habe mich oft gefragt, was ich eigentlich falsch gemacht habe oder wie ich besser mit der Situation hätte umgehen können. In meiner alten Gemeinde geht wohl das Gerücht um, ich hätte die Gemeinde verlassen, weil ich depressiv sei oder so ähnlich. Ich denke, das liegt vor allem daran, dass ich geschwiegen habe, statt mich zu verteidigen. Ich wollte einfach nicht, dass irgendeine Bemerkung von mir in die Gerüchteküche geriet und diejenigen Personen verletzte, die mich verletzt hatten.

Ich habe beschlossen, das Schweigen zu brechen. Wenn ich über die Wunden nachdenke, die mir und anderen Personen absichtlich oder ungewollt zugefügt wurden, finde ich, dass es an der Zeit ist, etwas dazu zu sagen. Es ist an der Zeit, die Dinge auf den Tisch zu legen und die „Sünde im Lager"[1] beim Namen zu nennen.

So schmerzhaft und verheerend die Wunden sein können, die Gottes Volk uns zufügt, haben sie mich doch in dem Entschluss bestärkt, das, was ich glaube, authentisch zu leben. Ich habe den tiefen Wunsch, Gott zu kennen. Ich möchte ihn erkennen, wie er wirklich ist, und nicht das verzerrte Bild übernehmen, das andere von ihm zeichnen, die sich nach seinem Namen nennen. Und ich möchte ihn anderen Menschen so gewinnend, klar und eindrücklich vermitteln, wie ich es kann.

Zwar kenne ich Gott nicht so gut, wie ich es mir wünsche oder wie ich es sollte, aber ich kenne ihn gut genug, um zu wissen, dass Jesus uns versteht, weil er selbst verwundet wurde. Es gehörte zum göttlichen Plan der Erlösung, dass Jesus von den Menschen verletzt und abgelehnt wurde, zu denen er gekommen war, um sie zu retten: „Er kam in sein Eigentum; und die Seinen nahmen ihn nicht auf."[2] Ausgerechnet die Menschen, die die messianischen Prophetien besser kannten als irgendjemand sonst und die die Ersten hätten sein sollen, die ihn erkennen und anbeten, waren diejenigen, die Jesus ablehnten. Ausgerechnet die Menschen, die sich als Kinder Gottes bezeichneten, verhärteten hartnäckig ihre Herzen gegen seinen Sohn. Ja, der Sohn Gottes versteht, wie grausame Ablehnung sich anfühlt. Die religiösen Menschen seiner Zeit feuerten ihre verbalen Angriffe auf ihn ab und gingen entschlossen gegen ihn vor …

> „Einige unter den Schriftgelehrten sprachen bei sich selbst: Dieser lästert Gott."[3]
>
> „Die Pharisäer sprachen: Durch den Obersten der Dämonen treibt er die Dämonen aus."[4]
>
> „Da gingen die Pharisäer hinaus und hielten Rat über ihn, dass sie ihn umbrächten."[5]
>
> „Da gingen die Pharisäer hin und hielten Rat, dass sie ihn fingen in seinen Worten."[6]
>
> „Die Hohenpriester und die Ältesten des Volkes … hielten Rat, Jesus mit List zu ergreifen und zu töten."[7]
>
> „Die aber Jesus ergriffen hatten … spien ihm ins Angesicht und schlugen ihn mit Fäusten. Einige aber schlugen ihn ins Angesicht."[8]
>
> „Am Morgen aber hielten alle Hohenpriester und die Ältesten des Volkes einen Rat über Jesus, dass sie ihn töteten, und sie banden ihn, führten ihn ab und überantworteten ihn dem Statthalter Pilatus … Jesus ließ er geißeln und überantwortete ihn, dass er gekreuzigt werde."[9]

Die Worte, die sehr mächtige, sehr religiöse Männer gegen ihn aussprachen, müssen ihn getroffen haben wie eine Reihe von Schlägen in die Magengrube. Können Sie seinen Schmerz nachempfinden? Petrus tat es. Er war Augenzeuge der Angriffe gegen Jesus. Doch Petrus lernte auch daraus. Was er bei Jesus sah, beschrieb er so: „Er hat sich nicht gewehrt, wenn er beschimpft wurde. Als er litt, drohte er nicht mit Vergeltung. Er überließ seine Sache Gott, der gerecht richtet."[10]

> Wenn je ein Mensch das Recht gehabt hätte, zu protestieren: *Das ist nicht richtig; das ist nicht fair; das habe ich nicht verdient*, dann Jesus.
>
> Wenn je ein Mensch das Recht gehabt hätte, sich umzudrehen und wegzugehen, dann Jesus.
>
> Wenn je ein Mensch einen Grund gehabt hätte, zu klagen, sich selbst leid zu tun, Gott einen Vorwurf zu machen, dann Jesus.
>
> Wenn je ein Mensch das Recht gehabt hätte, zurückzuschlagen, und diejenigen, die ihn misshandelten, buchstäblich zu verurteilen, dann Jesus.

Stattdessen vertraute Jesus ganz auf Gott. Er kannte seinen geliebten Vater gut genug, um zu wissen, dass diese sehr religiösen Leute, die sich für Gottes Stellvertreter auf der Erde hielten, alles andere waren als das. Es waren böse, sündige Heuchler, die eines Tages vor Gott stehen würden, um sich für ihre Taten zu verantworten.

Es verwundert mich immer wieder, dass die übelsten Lügen, die gewaltsamsten Angriffe, die höchste Ablehnung Jesu nicht von den Römern oder Griechen, nicht von den Heiden oder Säkularisten kamen, sondern von Israeliten, die sich und andere als Kinder Gottes verstanden. Als Gottes Volk.

Und so lasse ich nicht zu, dass religiöse Scheinheilige mein Herz zerstören, mein Herz für den Einen, der mich liebt und mich zu sich zieht, wenn ich verwundet bin. Ich lasse mir den größten Schatz im Leben nicht rauben – eine persönliche, bleibende, leidenschaftliche Beziehung zu Gott durch den Glauben an Jesus.

Liebe verwundete Christen-im-Exil, was ist Ihre Geschichte? Welches Kapitel wird jetzt gerade in Ihrem Leben geschrieben? Liegt Ihr Geist am Boden, im Staub Ihrer Wüstenwanderung? Können Sie seine Stimme hören, die Sie ruft? Weisen Sie Gott nicht von sich, auch wenn er ebenso der Gott derer ist, die Sie abgelehnt haben. Indem Sie Gott ablehnen, tun Sie nicht den anderen weh, sondern nur sich selbst. Sie sind die Person, die niedergeschmettert wurde. Sie sind derjenige, den Gott ruft.

Laufen Sie zu Gott und klammern Sie sich an ihn. Gott versteht jede verbale Gehässigkeit, jede versteckte Ungerechtigkeit, jeden emotionalen Stich, jeden hinterhältigen Blick, jedes hämische Grinsen. Doch er führt auch Buch und wird eines Tages alles richtigstellen.

Bis dahin wollen wir „aufsehen zu Jesus, dem Anfänger und Vollender des Glaubens, der, obwohl er hätte Freude haben können, das Kreuz erduldete und die Schande gering achtete und sich gesetzt hat zur Rechten des Thrones Gottes. Gedenkt an den, der so viel Widerspruch gegen sich von den Sündern erduldet hat, dass ihr nicht matt werdet und den Mut nicht sinken lasst."[11] *Jesus versteht!* Denn er wurde selbst verwundet.

∽ EINLEITUNG ∾

Heilung ist ein Weg

*Sie sind eingeladen,
sich auf den Weg zu machen*

Fast jeder, den ich kenne, wurde schon einmal in gewissem Maße verletzt. Es spielt keine Rolle, ob man jung oder alt, reich oder arm, intelligent oder unwissend, gesund oder krank, gebildet oder ungebildet ist. Wir alle haben Verletzungen erfahren. Manche Wunden mögen oberflächlich sein, andere dagegen zerstörerisch tief, doch alle Wunden tun weh. Wenn sie nicht behandelt werden, können sie eitern, sodass tiefe Bitterkeit, Groll und Zorn wuchern und auch andere Bereiche unseres Lebens infizieren, die scheinbar gar nichts damit zu tun haben.

Vielleicht ist das einer der Gründe, warum die Bibel so viel über Wunden zu sagen hat. Und über die Verwundeten. Und über die, die andere verwunden. Überall in der Bibel können wir den Schmerz spüren, die Schreie hören, die Rache sehen. Oft lässt sich beobachten, wie die Verwundeten selbst anfangen, andere zu verletzen, sodass der Kreis sich schließt und von Person zu Person und von einer Generation zur nächsten fortgesetzt wird. Doch in diesen ergreifenden Geschichten sehen wir in scharfem Kontrast zu dem Schmerz auch die Liebe Gottes, die wie das Sonnenlicht in silbernen Strahlen hinter einer dunklen Wolke hervorbricht. Und weil Gottes Liebe nicht nur tröstet und erlöst, heilt sie.

Eine solche Geschichte möchte ich in diesem Buch für Sie nacherzählen. Diese kleine Geschichte ist wie eine Fußnote zu einer größeren Geschichte, wie ein kleinerer Nebenfluss zu einem großen Strom.

Der Mississippi ist ein mächtiger Strom. Er bildet das größte Flussnetz in Nordamerika und gehört zu den längsten und breitesten Flüssen der Welt. Er ist so mächtig, dass zwei seiner Nebenflüsse selbst bedeutende Ströme sind – der Ohio-River und der Missouri-River.

Der „Nebenfluss", also die kleinere Geschichte, wurde mir ans Herz gelegt, als ich *The Magnificent Obsession*[12] schrieb, eine Chronik des Glaubensweges von Abraham.[13] Sein außergewöhnliches Leben gleicht einem mächtigen Strom, der sich durch die menschliche Geschichte zieht und seit viertausend Jahren einen bemerkenswerten Einfluss auf unsere Welt hat.

Eingeflochten in die Biografie Abrahams ist eine Nebengeschichte, die selbst zu einem wichtigen Fluss im Strom der Menschheitsgeschichte wurde. Es ist die Geschichte von Hagar, einer jungen ägyptischen Sklavin, mit der Abraham einen Sohn namens Ismael zeugte – ein Mann, auf den viele zeitgenössische arabische Völker ihre Herkunft zurückführen und den alle Muslime als ihren Vorfahren betrachten.

Als ich mich in die Geschichte Abrahams vertiefte, weckte Hagar meine Aufmerksamkeit. Sie fiel mir auf, weil sie verwundet wurde – nicht körperlich, doch auf eine Art und Weise, die emotional und geistlich ebenso schmerzhaft war wie jede körperliche Verletzung. Einige Verletzungen provozierte sie selbst durch ihr negatives Verhalten, doch andere wurden ihr von Personen zugefügt, die als Teil des Volkes Gottes galten.

Auch ich wurde durch Menschen verwundet, die zum Volk Gottes gehörten. Einige Verletzungen waren tiefer als andere; manche schienen aus dem Nichts zu kommen; andere wurden durch mein eigenes negatives Verhalten ausgelöst; doch all diese Verletzungen waren sehr schmerzhaft. Und sie schienen noch mehr zu schmerzen, wenn die Täter ihrem Verhalten einen religiösen oder frommen Anstrich gaben.

Gott benutzte Hagars Geschichte, um das Licht seiner Wahrheit in mein eigenes Herz fallen zu lassen, sodass offenbar wurde, dass ich nicht nur verletzt wurde, sondern auch meinerseits andere verletzt habe. Die damit verbundene Schuld und Trauer haben mich darin bestärkt, dieses Buch zu schreiben, weil ich entdeckt habe, dass Gott den Schmerz, die Schuld und die Trauer wirklich heilen kann. Seine Liebe möchte ich mit Ihnen teilen und Sie einladen, selbst zu einem Weg der Heilung aufzubrechen.

Und es ist wirklich ein Weg. Eine rasche Lösung gibt es da nicht. Doch es gibt konkrete Schritte, durch die Sie aus dem tiefen Sumpfloch Ihrer Wunden herausfinden – eine Grube, in der Bitterkeit wurzelt, die Ihnen die Freude raubt und die Ihre Beziehungen zerstört.

Der erste Schritt auf diesem Weg besteht darin, dass Sie sich Ihren Schmerz eingestehen. Hören Sie auf, ihn zu überspielen, zu begründen, zu verteidigen, zu entschuldigen oder zu ignorieren. Geben Sie ihn einfach zu. Jetzt. Sobald Sie den ersten Schritt getan haben, werde ich Sie behutsam auf der Entdeckungsreise weiterführen, die Hagar uns aufgezeigt hat.

Also:

Wenn Sie zu denen gehören, die so tief verletzt wurden, dass Sie Gottes unvollkommenes Volk mit Gott verwechselt haben und deshalb vielleicht sogar vor ihm weggelaufen sind;

Wenn Sie schuldig geworden sind, andere im Namen Gottes verwundet und ihnen Schaden zugefügt zu haben, nur um dann selbst wieder verwundet zu werden und Ihren Frieden und Ihre Freude zu verlieren;

Wenn Sie in einem generationsübergreifenden Kreislauf des Schmerzes gefangen sind, aus dem Sie keinen Ausweg mehr sehen …

Welche Verletzungen Sie auch immer haben mögen, ich bete, dass die folgenden Seiten …

> … Sie aus der Grube herausführen werden zu einer frischen Begegnung mit Gott.
> … Ihnen helfen werden, die Freude und den Frieden der Gegenwart Gottes zurückzugewinnen.
> … den stechenden und brennenden Schmerz schwinden lassen, wenn Gottes Segen zu fließen beginnt.
> … Ihren Blick weiten werden, sodass Sie die Gottes Absicht für Ihr Leben erkennen, die größer ist als Sie ahnen.

Mein Gebet ist, dass Sie zusammen mit Hagar die erlösende Kraft der Liebe Gottes entdecken und von Ihren Wunden geheilt werden. Denn Gott liebt die Verwundeten. Und die Menschen, die andere verwunden. Das weiß ich …

Ich identifiziere mich in unterschiedlichem Maß nicht nur mit Hagar, sondern mit jeder Person in ihrer Geschichte, einschließlich der Geschichte-in-der-Geschichte, die in den Schattenmomenten ihres Lebens gestrickt wurde. Es ist eine schöne und zarte Liebesgeschichte – nicht über ihre Beziehung zu Abraham, sondern über ihre Beziehung zu Gott. Zielstrebig und leidenschaftlich geht Gott einer ägyptischen Sklavin nach, die schließlich zur Mutter ganzer Völker wird. Ich bete, dass Hagars Gott Ihnen beim Lesen die Augen und das Herz öffnet …, für den Gott, der Ihnen nachgeht.

Anne Graham Lotz

Die Geschichte von Hagar in der Bibel

Als Abram nach Ägypten kam, tat der Pharao Abram Gutes ... und er bekam Schafe, Rinder, Esel, Knechte und Mägde, Eselinnen und Kamele ...

So zog Abram herauf aus Ägypten mit seiner Frau und mit allem, was er hatte ...

Doch Sarai, die Frau Abrams, bekam keine Kinder. Sarai hatte jedoch eine ägyptische Sklavin namens Hagar. Da sagte Sarai zu Abram: Der Herr hat mir keine Kinder geschenkt. Schlaf du mit meiner Sklavin. Vielleicht kann ich durch sie Kinder haben.

Abram war einverstanden. Sarai gab ihrem Mann ihre ägyptische Sklavin Hagar als Nebenfrau. Sie lebten damals schon zehn Jahre im Land Kanaan. Abram schlief mit Hagar und sie wurde schwanger.

Als Hagar bemerkte, dass sie schwanger war, verachtete sie ihre Herrin Sarai. Da machte Sarai Abram einen Vorwurf: Das ist alles deine Schuld! Jetzt, wo meine Sklavin schwanger ist, werde ich von ihr verachtet. Dabei habe ich sie dir doch zur Frau gegeben. Der Herr soll Richter sein zwischen dir und mir!

Abram entgegnete ihr: Sie ist deine Sklavin. Mach mit ihr, was du für angebracht hältst. Doch als Sarai hart mit ihr umsprang, lief Hagar fort.

Der Engel des Herrn fand Hagar in der Wüste neben der Quelle am Weg nach Schur. Er sprach zu ihr: Hagar, Sklavin von Sarai, woher kommst du und wohin gehst du?

Ich bin auf der Flucht vor meiner Herrin Sarai, antwortete sie.

Da sprach der Engel des Herrn: Kehr zu deiner Herrin zurück und ordne dich ihr unter. Ich werde dir mehr Nachkommen geben, als du zählen kannst.

Der Engel des Herrn fuhr fort:

Du wirst einen Sohn bekommen.
    Nenne ihn Ismael,[14]
    denn der Herr hat deine Hilferufe gehört.
Dein Sohn wird ungezähmt sein wie ein wilder Esel!
    Er wird sich gegen alle stellen
    und alle werden gegen ihn sein.
Ja, er wird mit allen seinen Brüdern im Streit leben.

Da nannte Hagar den Herrn, der zu ihr gesprochen hatte, El-Roï. Denn sie sagte: Ich habe den gesehen, der mich sieht! Die Quelle erhielt später den Namen Beer-Lachai-Roï. Sie liegt zwischen Kadesch und Bered.

Hagar aber gebar Abram einen Sohn und Abram nannte ihn Ismael. Zu dieser Zeit war Abram 86 Jahre alt …

Und der HERR nahm sich Saras an, wie er gesagt hatte, und tat an ihr, wie er geredet hatte. Und Sara ward schwanger und gebar dem Abraham in seinem Alter einen Sohn um die Zeit, von der Gott zu ihm geredet hatte.

Und Abraham nannte seinen Sohn, der ihm geboren war, Isaak, den ihm Sara gebar. Und Abraham beschnitt seinen Sohn Isaak am achten Tage, wie ihm Gott geboten hatte. Hundert Jahre war Abraham alt, als ihm sein Sohn Isaak geboren wurde.

Und Sara sprach: Gott hat mir ein Lachen zugerichtet; denn wer es hören wird, der wird über mich lachen. Und sie sprach: Wer hätte wohl von Abraham gesagt, dass Sara Kinder stille! Und doch habe ich ihm einen Sohn geboren in seinem Alter.

Und das Kind wuchs heran und wurde entwöhnt. Und Abraham machte ein großes Mahl am Tage, da Isaak entwöhnt wurde. Und Sara sah den Sohn Hagars, der Ägypterin, den sie Abraham geboren hatte, dass er lachte. Da sprach sie zu Abraham: Vertreibe diese Magd mit ihrem Sohn; denn der Sohn dieser Magd soll nicht erben mit meinem Sohn Isaak.

Das Wort missfiel Abraham sehr um seines Sohnes willen. Aber Gott sprach zu ihm: Lass es dir nicht missfallen wegen des Knaben und der Magd. Alles, was Sara dir gesagt hat, dem gehorche; denn nach Isaak soll dein Geschlecht genannt werden. Aber auch den Sohn der Magd will ich zu einem Volk machen, weil er dein Sohn ist.

Da stand Abraham früh am Morgen auf und nahm Brot und einen Schlauch mit Wasser und legte es Hagar auf ihre Schulter, dazu den Knaben, und schickte sie fort.

Da zog sie hin und irrte in der Wüste umher bei Beerscheba.

Als nun das Wasser in dem Schlauch ausgegangen war, warf sie den Knaben unter einen Strauch und ging hin und setzte sich gegenüber von ferne, einen Bogenschuss weit; denn sie sprach: Ich kann nicht ansehen des Knaben Sterben. Und sie setzte sich gegenüber und erhob ihre Stimme und weinte.

Da erhörte Gott die Stimme des Knaben. Und der Engel Gottes rief Hagar vom Himmel her und sprach zu ihr: Was ist dir, Hagar? Fürchte dich nicht; denn Gott hat gehört die Stimme des Knaben dort, wo er liegt. Steh auf, nimm den Knaben und führe ihn an deiner Hand; denn ich will ihn zum großen Volk machen.

Und Gott tat ihr die Augen auf, dass sie einen Wasserbrunnen sah. Da ging sie hin und füllte den Schlauch mit Wasser und gab dem Knaben zu trinken.

Und Gott war mit dem Knaben. Der wuchs heran und wohnte in der Wüste und wurde ein Bogenschütze. Und er wohnte in der Wüste Paran und seine Mutter nahm ihm eine Frau aus Ägyptenland.[15]

~ 1 ~

Am Rand der Gesellschaft von Gott geliebt

Gott ist nicht elitär

Es kam aber eine Hungersnot in das Land. Da zog Abram hinab nach Ägypten, dass er sich dort als ein Fremdling aufhielte; denn der Hunger war groß im Lande. Und als er nahe an Ägypten war, sprach er zu Sarai, seiner Frau: Siehe, ich weiß, dass du eine schöne Frau bist. Wenn dich nun die Ägypter sehen, so werden sie sagen: Das ist seine Frau, und werden mich umbringen und dich leben lassen. So sage doch, du seist meine Schwester, auf dass mir's wohlgehe um deinetwillen und ich am Leben bleibe um deinetwillen.

Als nun Abram nach Ägypten kam, sahen die Ägypter, dass seine Frau sehr schön war. Und die Großen des Pharao sahen sie und priesen sie vor ihm. Da wurde sie in das Haus des Pharao gebracht. Und er tat Abram Gutes um ihretwillen; und er bekam Schafe, Rinder, Esel, Knechte und Mägde, Eselinnen und Kamele.

Aber der HERR plagte den Pharao und sein Haus mit großen Plagen um Sarais, Abrams Frau, willen. Da rief der Pharao Abram zu sich und sprach zu ihm: Warum hast du mir das angetan? Warum sagtest du mir nicht, dass sie deine Frau ist? Warum sprachst du denn: Sie ist meine Schwester, sodass ich sie mir zur Frau nahm? Und nun siehe, da hast du deine Frau; nimm sie und zieh hin. Und der Pharao bestellte Leute um seinetwillen, dass sie ihn geleiteten und seine Frau und alles, was er hatte …

So zog Abram herauf aus Ägypten mit seiner Frau und mit allem, was er hatte …

Genesis 12,10-20; 13,1

Wir alle wissen, wie es sich anfühlt, ausgegrenzt zu werden. Mein Mann und ich fanden uns plötzlich „draußen" wieder, nachdem wir eine tiefe Ablehnung durch unsere Gemeinde erfahren hatten. Obwohl seither schon viele Jahre vergangen sind, ist die schmerzliche Erinnerung immer noch präsent.

Diese Erinnerung tauchte wieder auf, als ich kürzlich an einer Ampel vor unserer ehemaligen Gemeinde halten musste. Als ich auf den prächtigen, mit Säulen geschmückten Ziegelbau blickte, dessen Turmspitze in den kobaltblauen Himmel ragte, schien ich wie ein leises Echo wieder den Applaus im Saal zu hören. In dem voll besetzten Saal war mein Mann Danny aus einer strategischen Führungsposition abgewählt worden. Sein jahrelanger treuer Dienst für die Gemeinde – als Vorsitzender des Diakonenrates, als Vorsitzender der Männergemeinschaft und als Lehrer für die Sonntagsschule der Erwachsenen – schien nichts mehr zu bedeuten. An diesem Sonntagmorgen, in der Zeit, die als „Gottesdienst" bezeichnet wird, dröhnte in unseren Ohren der Klang der Ablehnung.

Die Versammlung applaudierte, als das Abstimmungsergebnis bekannt gegeben wurde. Sechshundert Mitglieder hatten gegen Danny und zweihundert für ihn gestimmt. Die ungleiche Stimmenverteilung ließ keinen Raum für Zweifel oder Diskussionen über das, was die Gemeinde wünschte. Sie wollte Danny loswerden. Nach dem Gottesdienst kam uns der Fünf-Minuten-Weg zum Parkplatz wie ein Fünf-Kilometer-Marsch durch die Einöde vor. Mit tränenverschleierten Augen und vom Wirbelsturm meiner Gedanken verstört hielt ich Dannys Hand, während wir wie betäubt zum Auto wankten. Im Kern bestand unser schuldhaftes Vergehen darin, dass wir an die Bibel als das unfehlbare, inspirierte, autoritative Wort Gottes glaubten, nach dem wir lebten und das wir lehrten. Wir waren unschuldige Opfer, die in das politische Machtgerangel einer Denomination geraten waren, die sich damals über genau diese Frage stritt.

Die Menschen dieser Gemeinde lagen uns sehr am Herzen. Wir hatten ihnen über fünfzehn Jahre lang treu gedient und dabei manches Opfer gebracht. Unsere Kinder waren dort geboren und getauft worden. Ich sage ganz offen, dass die Ablehnung durch diese Gemeinde *weh* tat. Und sie tut noch heute weh. Wir wurden verwundet.

Wurden auch Sie durch Gottes Volk verwundet? Hat man Ihnen das Gefühl vermittelt, nicht mehr zum inneren Kreis Gottes zu gehören? Manchmal stimmen wir einer solchen Ablehnung zu, weil wir denken, dass wir für Gott nicht gut genug oder nicht liebenswert genug sind, jedenfalls nicht würdig genug, zum inneren Kreis zu gehören. Solche Gedanken können die Folge sein, wenn Menschen, die sich nach seinem Namen nennen, uns in irgendeiner Weise misshandelt haben. Oder die erfahrene Behandlung verstärkt, was wir ohnehin schon dachten.

Ablehnung, Missbilligung oder Missbrauch durch Gottes Volk kann verheerend sein, denn wenn wir nicht aufpassen, verwechseln wir Gottes Volk mit Gott selbst. Und Gottes Volk verhält sich nicht immer so, wie das Volk Gottes es eigentlich sollte.

Die Art und Weise, wie wir damit umgehen, wenn wir abgelehnt und verletzt wurden, ist entscheidend. Unsere Reaktion kann zur Heilung führen ... oder die Verletzung noch vertiefen.

Wenn Sie durch Gottes Volk verletzt wurden, verstehe ich es voll und ganz, wenn Sie die Entscheidung getroffen haben, nicht nur der Gemeinde, nicht nur den Christen, nicht nur denen, die sich nach Gottes Namen nennen, den Rücken zu kehren, sondern Gott selbst. Das hätte ich auch tun können. Doch Gott ging mir nach – und liebte mich – am Außenrand der Gesellschaft. Warum? Weil Gott nicht elitär ist. Er hält sich nicht nur zu denen, die Teil eines inneren Kreises zu sein scheinen, sondern geht den Menschen nach, denen das Gefühl vermittelt wurde, Außenseiter zu sein.

Viele Geschichten in der Bibel zeigen, dass Gottes Liebe umfassend genug, tief genug, hoch genug und lang genug ist, um Menschen an sich zu ziehen, die als Außenseiter behandelt werden. Eine besonders berührende Geschichte ist die von Hagar.

Hagar war eine der vielen jungen Ägypterinnen, die im Palast des Pharaos dienten. Die Bibel erzählt uns nicht, ob sie in die Sklaverei geboren wurde oder aufgrund von Schulden oder aus anderen Gründen versklavt wurde. In der historischen Überlieferung finden wir dazu keine Hinweise, aber man kann davon ausgehen, dass sie nicht selbst über ihr Leben verfügen konnte. Sie war eine Sklavin, die den Launen des Pharaos ausgeliefert war. Man kann sich leicht vorstellen, dass ihr Status vielfältige Verletzungen der einen oder anderen Art mit sich brachte.

Eines Tages nahm der Pharao eine atemberaubend schöne neue Frau als Gemahlin zu sich. Überall im Palast sprach man aufgeregt über die exotische „Prinzessin" aus einem fernen Land, die mit ihrem Bruder nach Ägypten gekommen war.

Staatliche Beamte hatten die Prinzessin Sara auf der Stelle als prächtige Ergänzung für die Reihen der königlichen Gemahlinnen in den Palast geholt.[16]

Der König war von seiner neuen Frau so bezaubert, dass er ihren Bruder Abraham mit Geschenken überschüttete: „Um ihretwillen ... bekam [Abraham] Schafe, Rinder, Esel, Knechte und Mägde, Eselinnen und Kamele."[17] Und das war der Moment, an dem Hagars Leben eine dramatische Wende nahm, ohne dass sie eine Wahl gehabt hätte. Sie wurde aus der Namenlosigkeit geholt und auf die Weltbühne der Menschheitsgeschichte gestellt, weil sie eines der Geschenke war, durch die der Pharao Abraham seine Dankbarkeit zeigte.

Doch die Dinge waren nicht so, wie sie zu sein schienen. Abraham war nicht nur Saras Halbbruder, sondern auch ihr Ehemann.[18] Und seine Beziehung zu dem lebendigen Gott war so einzigartig, dass Gott die Art und Weise, wie Menschen Abraham und seine Familie behandelten, als Handlung gegen ihn selbst betrachtete.[19] Deshalb griff Gott ein, als Sara in eine gefährliche, kompromittierende Situation gebracht wurde und Gefahr lief, durch einen heidnischen König geschändet zu werden. Um Sara körperlich zu schützen und ihren Ruf zu wahren, schlug er alle Palastangehörigen mit schweren Krankheiten.[20]

Der Pharao erkannte den Zusammenhang zwischen den Krankheiten, seiner neuen Frau, ihrem Bruder und einem zornigen Gott. Und so kam Abrahams Täuschungsversuch ans Licht. Der Pharao rügte ihn öffentlich und verbannte ihn aus dem Land, zusammen mit Sara und allem, was er besaß, wozu auch Hagar gehörte.[21]

Hagar wurde auf einen Schlag entwurzelt und von allem getrennt, was ihr bis dahin vertraut gewesen war. Sie hatte in einem luxuriösen Palast gelebt – wenn auch nur im Haus der Bediensteten – und wohnte nun in Zelten aus Tierfellen, bei einem Volk von Nomaden, deren Sprache sie nicht verstand, deren Speisen ihr seltsam erschienen, die einfache Kleider trugen und deren Sitten ihr fremd waren. Ihr Status lässt sich wahrscheinlich an ihrer Platzierung in der Liste der Geschenke an Abraham erkennen – nach den Schafen, Rindern und Eseln und vor den Kamelen. Sie schien nicht mehr zu sein als der Besitz eines Fremden. Hagar war eine Außenseiterin – eine Außenseiterin in der ihr vertrauten ägyptischen Kultur, da sie jetzt Abraham und Sara gehörte; aber auch eine Außenseiterin in Abrahams Hausgemeinschaft, da sie dort wiederum eine Ägypterin war. Sie war in doppelter Hinsicht eine Außenseiterin, die nirgendwo hingehörte.

Hatten Sie schon einmal das Gefühl, einfach nirgendwo hinzugehören? Vielleicht wurden Sie durch eine Naturkatastrophe vertrieben oder haben Ihr Zuhause durch eine Scheidung oder eine Zwangsräumung oder eine berufliche Kündigung verloren. Wenn Sie in eine andere Kultur oder Nationalität oder Sprache oder wirtschaftliche Schicht oder Bildungsgruppe eingeheiratet haben, mussten Sie vielleicht plötzlich feststellen, dass Sie jetzt ein Leben am Rand Ihrer Familie oder Freunde führen ... oder am Rand der Familie und der Freunde Ihres Ehepartners. So beunruhigend, unangenehm und einsam das sein mag – so überwältigend es sein kann, wenn in einem einzigen Augenblick die eigene private Welt völlig auf den Kopf gestellt wird – ich weiß nicht, ob es derselbe Schmerz ist, den wir spüren, wenn wir an den Rand einer Gemeinde gedrängt werden, weil Gottes Volk uns abgelehnt hat. Irgendwie macht es die Ablehnung noch schmerzhafter, wenn man Gott in diese Gleichung einbezieht.

Während wir Hagar weiter auf ihrem Weg begleiten, werden wir feststellen, dass zu ihren Wunden noch weitere Verletzungen hinzukamen, die ihr von Gottes Volk zugefügt wurden. Aus ihrem Schmerz heraus reagierte sie mit schlechten Verhaltensweisen und fügte nun selbst anderen Verletzungen zu. Das hatte zur Folge, dass sie noch tiefer verletzt wurde und in einen Strudel des Schmerzes geriet, der alles in ihrer Umgebung erfasste, auch ihren eigenen Sohn. Und so lief sie fort bis an die entlegenste Grenze – an den äußersten Rand der Gesellschaft.

Doch Gott liebte Hagar. Er liebt diejenigen, die es einfach nicht mehr aushalten und weglaufen. Die Bibel ist tatsächlich voll von Geschichten seiner Liebe zu Menschen wie Hagar. Eine solche Geschichte handelt von Rahab.

Rahab war eine kanaanitische Prostituierte. Als solche war sie in zweifacher Hinsicht eine Außenseiterin. Als Prostituierte führte sie ein Leben außerhalb des gesellschaftlich anerkannten Verhaltens, und als Kanaaniterin stand sie außerhalb des Volkes Gottes, der Kinder Israels. Kaum jemand hätte erwartet, dass sie Gottes Aufmerksamkeit finden würde, von seiner Erlöserliebe ganz zu schweigen.

Ihre Geschichte steht in dem alttestamentlichen Buch Josua.[22] Und macht braucht nicht viel Fantasie, um anzunehmen, dass Rahab von anderen Menschen benutzt und missbraucht worden war. Ihre Kultur ging sogar so weit, Missbrauch zu glorifizieren, Unmoral zu vergöttern und Verruchtheit und Bosheit geradezu zu verehren. Menschenopfer und Sexorgien gehörten zu den religiösen Praktiken. Man verschwendete keinen Gedanken an die Gefühle der Opfer oder an die Konsequenzen der ungezügelten animalischen Begierden.

Rahab war zweifellos in einem Leben gefangen, das sie nicht wollte. Sie konnte nicht zurück – sie konnte die vielen Jahre der Sünde und des Traumas nicht ungeschehen machen und einfach wieder zu dem Leben zurückkehren, das sie vor ihrer Prostitution geführt hatte. Sie kam nicht weiter, weil es keine Hoffnungen für ihre Zukunft gab. Wer würde einer Prostituierten schon helfen wollen? Außerdem waren alle Menschen in ihrem Leben Kanaaniter. Sie kannte keinen Menschen, der anders dachte, anders lebte oder anders fühlte. Ihr blieb nichts übrig, als einen Tag nach dem anderen durchzustehen und zu versuchen, den Schmerz der alten und der neuen Wunden zu betäuben. Sie war in einem Leben der sexuellen Erniedrigung und Demütigung gefangen. Innerlich schrie sie sicher nach irgendeinem Gott da draußen, der real war und sie retten konnte.

Rahab ahnte nicht, dass es tatsächlich einen Gott gab, der real war und ihre stummen Schreie gehört hatte. In der allwissenden Souveränität Gottes fiel Rahabs Sehnsucht nach Erlösung und Befreiung mit einem bedeutsamen Ereignis der Heilsgeschichte zusammen. Nach vierzigjähriger Wanderung stand die gesamte Nation Israel mit ihren mehreren Millionen Menschen kurz davor, endlich in das verheißene Land einzuziehen. Bald würden die Israeliten das Land besitzen, das Gott Abraham, Isaak und Jakob versprochen hatte. Das einzige Hindernis, das sie noch davon abhielt, war Jericho, eine schier unbezwingbare feindliche Festung und die Stadt, in der Rahab lebte.

Die Bewohner innerhalb der Festungsmauern von Jericho hatten von dem Gott Israels gehört – wie er die Ägypter durch eine Serie von Plagen dezimiert und die erstklassige ägyptische Armee in einem beispiellosen Akt übernatürlicher Macht vernichtet hatte. Sie wussten auch von anderen Wundern: wie Gott das Volk vierzig Jahre lang durch die Wüste geführt und sie tagsüber durch eine Wolke vor der Hitze geschützt und ihnen des Nachts durch eine Feuersäule Licht und Wärme gespendet hatte; wie er ihnen Wasser aus einem Felsen gab, um ihren Durst zu stillen; wie er sie jeden Morgen mit Brot speiste, das auf dem Boden lag, und ihnen jeden Abend Tauben zu essen gab, die ins Lager fielen; wie er den Israeliten den Sieg über Feinde gegeben hatte, die sie auf ihrem Weg aufhalten wollten. Oh ja! Die Kanaaniter, die in Jericho wohnten, darunter auch Rahab, hatten von dem Gott Israels gehört.[23] Als sie also eines Morgens aufwachten und sich im Fadenkreuz der Israeliten wiederfanden, verzagten ihre Herzen, und alle verloren den Mut.[24] Ihre lähmende Angst wurde sicher noch verstärkt, als die Israeliten, statt sofort anzugreifen, einfach vor der Stadtmauer ihr Lager aufschlugen und warteten ... *worauf nur?*

Die Bibel berichtet, dass Josua, der Befehlshaber der Israeliten, die vermeintliche Wartezeit benutzte, um Späher nach Jericho zu schicken. Er suchte vermutlich nach Antworten auf eine Reihe logistischer Fragen: *Gibt es eine zweite Festungsmauer? Wie dick sind die Mauern? Wieviele Tore gibt es in der Stadtmauer? Wie viele bewaffnete Männer stehen bereit, die Stadt zu verteidigen?* Doch im Verlauf der Geschichte sehen wir, dass die militärischen Erkundigungen sich als überflüssig herausstellten. Gott hatte eine völlig andere Idee, die feindliche Festung zu bezwingen – und die hatte nichts mit militärischen Strategien, der Zahl feindlicher Soldaten oder den möglichen Einfallstoren und Fluchtwegen zu tun.

Könnte es sein, dass Gott den israelitischen Vormarsch komplett stoppte, weil er den Schrei einer einzigen Person gehört hatte? Den Schrei einer Kanaaniterin und nicht einer Israelitin? Den Schrei einer Frau, nicht eines Mannes? Den Schrei einer Prostituierten, nicht einer frommen Frau? Obwohl sie nicht zu Gottes Volk gehörte und zweifellos eine Außenseiterin war, hatte Rahab jedoch offene Augen, wache Ohren, ein hoffendes Herz und den Willen, sich der Gnade Gottes auszuliefern. Könnte es sein, dass Gott als Antwort auf Rahabs Schrei den Vormarsch Israels in das verheißene Land um mehrere Tage hinauszögerte, um *eine einzige Person* zu retten?

Als Israels Späher in Rahabs Bordell auftauchten und Erkundigungen einholten, wurde klar, dass sie geistlich auf der Suche war und zu einer unausweichlichen Schlussfolgerung gelangte: *Der Gott Israels war der wahre Gott.*[25] Und so streckte sie mutig die Fühler aus und wagte es, auf den Charakter des Gottes zu vertrauen, von dem sie gehört hatte. Indem sie sich ein Herz fasste und erkannte, dass dies ihre einzige Chance zur Befreiung war, ergriff sie die Gelegenheit, um ein Abkommen mit den Spähern zu schließen: sie würden ihr Leben verschonen, wenn sie ihnen das Leben rettete. Ihr Wunsch war, dem Gott Israels anzugehören. Ich frage mich, ob sie wohl den Atem anhielt, als sie auf die Antwort wartete. Wenn ja, musste sie nicht lange die Luft anhalten. Sie erklärten sich einverstanden! Und ihre Worte waren gewiss die Antwort des Himmels auf den Schrei ihres Herzens. Wenn sie die Späher versteckte und ihnen zur Flucht aus der Stadt verhalf, würden diese Männer dafür sorgen, dass sie und alle in ihrem Haus bei der Zerstörung Jerichos verschont wurden.

Etwa drei Wochen später brachen die Israeliten das Lager ab und zogen weiter. Als die Mauern Jerichos in einer schrecklichen Pilzwolke aus Staub und Trümmern einstürzten, blieb nur ein Mauerabschnitt stehen. Auf diesem Mauerabschnitt befand sich Rahabs Haus, gekennzeichnet durch ein rotes Seil, das aus ihrem Fenster baumelte, um der eindringenden israelitischen Armee die Lage ihres Hauses anzuzeigen. Sie hatte ihren Teil des Abkommens eingehalten. Als sie von ihrer besonderen Position aus die Zerstörung der Stadt mit ansah, muss sie einen Augenblick blanker Panik erlebt haben. Würden die Späher ihren Teil des Versprechens einhalten? Würde der Gott Israels sich wirklich einer kanaanitischen Prostituierten annehmen?

Rahabs Entsetzen kann ich nur erahnen, als sie die erdbebenartigen Erschütterungen durch die einstürzenden Mauern spürte und die Luft vom entsetzlichen Lärm des Schlachtgetümmels toste – klirrende Waffen und die Schreie tödlich getroffener Stadtbewohner, das rebellenhafte Gejohle israelitischer Soldaten auf ihrem Vormarsch in die nun offen liegende Stadt und schließlich das Poltern von Soldatenfüßen auf ihrer Treppe. Im nächsten Augenblick platzten einige staubbedeckte Soldaten durch die Tür und riefen: „Rahab, du bist gerettet! Der Gott Israels hat uns befohlen, dich und alle, die in deinem Haus sind, zu retten!"[26] Da wusste Rahab endgültig – *Gott ist real!* Und barmherzig! Und er liebt wirklich diejenigen, die am Rand der Gesellschaft stehen.

Ich frage mich, ob auch Sie wie Rahab als Außenseiter betrachtet werden …, als ein Mensch, der am Rand der Gesellschaft steht … schon lange. Vielleicht hat Ihre Familie seit Generationen getrennt von dem lebendigen Gott gelebt – getrennt von Wahrheit, echter Güte, Gerechtigkeit und Heiligkeit. Wunden können tatsächlich ein Nebenprodukt der Credos unserer Kultur sein:

> Ärgere dich nicht, revanchiere dich.
> Lass keinen auf dir herumtrampeln.
> Fordere deine Rechte ein.
> Setz dich durch.
> Richtig ist, was sich richtig anfühlt.
> Wenn es funktioniert, dann mach es.
> Erfolgreiche Leute scheitern nicht.
> Mehr Geld bedeutet mehr Glück.
> Sag den Leuten, was sie hören wollen;
> die Wahrheit spielt keine Rolle.
> Schnapp dir alles, was dir gefällt.
> Wenn du nicht deine Interessen durchsetzt, wer dann?

Halten diese falschen Werte der Kultur, in der Sie aufgewachsen sind, Sie wie in einer Festung gefangen, die Ihren Geist erstickt? Haben Sie wie Rahab das Gefühl, hoffnungslos hinter vielen Mauern der Sünde festzustecken, die Einfluss haben auf …

> Ihre Erinnerungen und Ihre Ehe,
> Ihre Kinder und Ihre berufliche Karriere,
> Ihren Lebensstil und Ihre Perspektiven,
> Ihre Kultur und Ihre Entscheidungen,
> Ihre Umgebung und Ihre Vergnügungen,
> Ihre Einstellung und Ihre Ambitionen,
> Ihre Reaktionen und Ihre Denkweise …

Gibt es Mauern der Sünde, die einer starken kanaanitischen Festung gleichen, der Sie nicht entfliehen können? Gibt es Sünde, die Sie von Gott getrennt und nach draußen befördert hat?

Wenn beim Lesen in Ihrem Herzen eine Sehnsucht nach einer anderen Art zu leben geweckt wurde, eine Sehnsucht, befreit zu werden, eine Sehnsucht nach echter Erlösung von Sünde, dann lassen Sie sich einladen, den Gott Rahabs anzurufen. Er ist heute derselbe Gott wie damals in ihrer Zeit. Er hat Ohren, die den Herzensschrei eines einzelnen Menschen hören, ganz gleich, wer Sie sind, oder wo Sie sind, oder wie lange Sie schon dort sind. Nutzen Sie die Worte des folgenden Gebets, wenn Sie Hilfe dabei brauchen, den Ruf Ihres Herzens zu artikulieren.

> *Lieber Gott,*
> *ich erlebe gerade mein eigenes Jericho – ich fühle mich in einem Leben und einer Kultur sündiger Gedanken, Taten und Verhaltensmuster gefangen. Mein Herz erstickt. Ich wurde so tief und so oft verwundet, dass ich gar nicht mehr weiß, wie es ist zu leben, ohne jeden Tag und jeden Moment Schmerz zu empfinden.*

Bitte rette mich. Befreie mich. Ich bin es so leid, mit dem Schmerz zu leben.

Ich bekenne, dass ich mir einige meiner Wunden selbst zugefügt habe. Andere waren die Folge der Art und Weise, wie ich andere verletzt habe. Ich bin ein sündiger Mensch – sündig ist, was ich bin und was ich tue.[27] Ich sündige. Und ich weiß, dass ich von dir getrennt bin. Ich bin hinter dicken Mauern gefangen, die im Lauf der Wochen, Monate, Jahre, Jahrzehnte und Generationen angewachsen sind, und diese Mauern stehen zwischen dir und mir.

Bitte reiß die Mauern nieder und vergib mir meine Sünde. Rette mich. Befreie mich. Mach mich frei. Ich möchte dein Kind sein.

Ich glaube, dass Jesus dein Sohn ist. Du hast ihn in mein Jericho geschickt, um mir einen Weg der Rettung zu schaffen. Ich glaube, dass er gestorben ist, um mich frei zu machen. Würdest du mir bitte hier und jetzt um seinetwillen alle meine Sünde vergeben?[28] Ich glaube, dass Jesus von den Toten auferstand, um mir Leben zu geben. Bitte gib mir die Freiheit des ewigen Lebens, von der ich weiß, dass sie nach meinem Tod meine ewige Heimat sein wird.[29] Doch ich weiß auch, dass sie in der Gegenwart eine persönliche Beziehung mit dir bedeutet.[30]

Ich entscheide mich, Jericho und meine alte Lebensweise zu verlassen. Ich lade dich ein, in mein Leben zu kommen.[31] Wie damals die Israeliten werde ich dir folgen, wohin du mich auch immer führen wirst.[32]

Amen.

Hören Sie nun still mit den Ohren Ihres Herzens. Können Sie hören, wie seine Füße die Treppe hinaufeilen, um in Ihr Leben zu kommen? ... *Du bist gerettet! Der Gott Rahabs hat mir geboten, dich zu retten.[33]*

~ 2 ~

Das Leben ist hart

Jeder ist verwundet

Abram aber war sehr reich an Vieh, Silber und Gold. Und er zog immer weiter vom Südland bis nach Bethel, an die Stätte, wo zuerst sein Zelt war, zwischen Bethel und Ai, eben an den Ort, wo er früher den Altar errichtet hatte. Dort rief er den Namen des HERRN an.

Lot aber, der mit Abram zog, hatte auch Schafe und Rinder und Zelte. Und das Land konnte es nicht ertragen, dass sie beieinander wohnten; denn ihre Habe war groß und sie konnten nicht beieinander wohnen. Und es war immer Zank zwischen den Hirten von Abrams Vieh und den Hirten von Lots Vieh. Es wohnten auch zu der Zeit die Kanaaniter und Perisiter im Lande.

Da sprach Abram zu Lot: Es soll kein Zank sein zwischen mir und dir und zwischen meinen und deinen Hirten; denn wir sind Brüder. Steht dir nicht alles Land offen? Trenne dich doch von mir! Willst du zur Linken, so will ich zur Rechten, oder willst du zur Rechten, so will ich zur Linken.

Da hob Lot seine Augen auf und sah die ganze Gegend am Jordan, dass sie wasserreich war. Denn bevor der HERR Sodom und Gomorra vernichtete, war sie bis nach Zoar hin wie der Garten des HERRN, gleichwie Ägyptenland. Da erwählte sich Lot die ganze Gegend am Jordan und zog nach Osten. Also trennte sich ein Bruder von dem andern …

Als nun Lot sich von Abram getrennt hatte, sprach der HERR zu Abram: Hebe deine Augen auf und sieh von der Stätte aus, wo du bist, nach Norden, nach Süden, nach Osten und nach Westen. Denn all das Land, das du siehst, will ich dir geben und deinen Nachkommen ewiglich. Und ich will deine Nachkommen machen wie den Staub auf Erden. Kann ein Mensch den Staub auf Erden zählen, der wird auch deine Nachkommen zählen. Darum mach dich auf und durchzieh das Land in die Länge und Breite, denn dir will ich's geben.

Und Abram zog weiter mit seinem Zelt und kam und wohnte im Hain Mamre, der bei Hebron ist, und baute dort dem HERRN einen Altar.

Genesis 13,2-11.14-18

Wann beginnen die Verletzungen? Wer kann sich an die erste Wunde erinnern? Und wer kann behaupten, ein Leben frei von Wunden zu führen?

Zu meinen frühesten Erinnerungen gehört eine verletzende Erfahrung in der fünften Klasse der Grundschule. Meine Lehrerin war eine pensionierte presbyterianische Missionarin. Sie war das, was meine jüngere Schwester und ich damals eine „alte Jungfer" nannten. Sie sah aus wie in Zement gegossen – graues Haar, zu einem straffen Knoten gebunden, granitartige Gesichtszüge umsäumt von Falten, die Stirn zu einem missbilligenden Runzeln erstarrt, ein verbissener, zu einer Grimasse verzogener Mund, scharfe Augen, denen nichts entging – und sie mochte mich nicht. Ihr strenges Auftreten, unser düsterer Klassenraum und Unterrichtsstunden, die sich endlos in die Länge zu ziehen schienen, waren für ein energiegeladenes Kind eine tödliche Kombination. Eines Nachmittags teilte sie mir unmissverständlich mit, dass sie mir eine Ohrfeige verpassen würde, falls ich auch nur noch ein einziges Mal im Unterricht seufzen sollte!

Ich holte tief Luft und atmete ganz langsam aus – lautlos, wie ich Ihnen versichern kann. Meine Mutter konnte nie verstehen, warum ich Missionare nicht genauso wie sie als die Adligen des Himmels betrachten konnte. Wenn sie wirklich

Aristokraten waren, so folgerte ich, dann würde ich mich gern mit dem Leben einer Bäuerin begnügen.

Wenn ich an meine eigene Kindheit zurückdenke, ernüchtert mich der Gedanke, wie sehr ein strenger, unattraktiver, liebloser und unfreundlicher Erwachsener ein Kind prägen kann. Besonders, wenn dieser Erwachsene als reifer Christ gilt. Hätte meine tiefgläubige Mutter, deren Schönheit, Scharfsinn, Anmut und Barmherzigkeit so bezaubernd waren, das Auftreten und Verhalten meiner Lehrerin nicht mehr als aufgewogen, hätte ich mit Sicherheit keinen so starken Wunsch entwickelt, selbst eine reife Christin zu werden.

Doch die erste Erinnerung an eine Situation, in der ich durch Menschen, die sich Christen nannten, ernster verletzt wurde, reicht in die neunte Klasse zurück. Meine Eltern hatten mich auf ein christliches Internat geschickt, wie auch meine ältere Schwester. Während sie praktisch das Vorzeigekind für die Schule war, während der Essenszeit am ersten Tisch saß und sämtlichen namhaften Besuchern vorgestellt wurde, wurde ich an den Rand gedrängt. Aus keinem mir ersichtlichen Grund wurde ich kritisiert und angeschrien. Als ich eine enge Freundschaft zu einer anderen Schülerin entwickelte, die wie ein Puffer gegen die schlechte Behandlung wirkte, warf die Direktorin mir tatsächlich homosexuelle Neigungen vor. Ich wusste nicht einmal, was homosexuell bedeutete. Ich erinnere mich, dass ich das Wort in einem Lexikon nachschlug und immer noch nicht begriff, was damit gemeint war und was es mit mir zu tun haben sollte. Doch eines war klar: ich gehörte definitiv nicht zu irgendeinem inneren Kreis. Innerhalb von drei Monaten erhielt ich einen Verweis für Widerrede gegen die Schulleiterin, wurde als ziemlich aufsässig abgestempelt und landete mit einer hartnäckigen Erkrankung in der Krankenstation. Und ich lernte auf die harte Tour, dass Wunden, die uns zugefügt werden, uns physisch krank machen können, selbst wenn sie nur durch verletzende Worte verursacht wurden. Meine Mutter nahm mich für mehrere Monate aus der Schule, damit ich mich zuhause erholen konnte, doch dann schickte sie mich zurück, um das Schuljahr abzuschließen. Am Ende dieses ersten Jahres durfte ich vom Internat auf das öffentliche Gymnasium unserer Gebirgsregion im westlichen Nordkarolina wechseln, wo ich aufblühte.

Einige Jahre später begann ich, mich für Jobs als Fotomodell zu interessieren, und meine Mutter vermittelte mir einige Aufträge im nahegelegenen Ashville, die nicht besonders anspruchsvoll waren, aber viel Spaß machten. In der Folge begann ich, Makeup zu tragen und mein Haar zu blondieren, und eines Sonntagmorgens wagte ich es, einen Männerhut zu tragen, wie ich es bei einem *Vogue*-Model gesehen hatte, als wir die kleine presbyterianische Gemeinde besuchten, der wir in Montreat angehörten. Ich kann mich noch erinnern, wie ich mit meiner Mutter und meinen Geschwistern in der vierten Reihe saß und auf den Beginn des Gottesdienstes wartete. Ich sah, wie eine vornehme ältere Dame sich von ihrem Stuhl erhob, steif zu meiner Mutter herüberkam und mit einem strengen Blick ihr Urteil über mich verkündete – und über meine Mutter, weil sie mir erlaubt hatte, einen Herrenhut zu tragen, und das sogar in der Gemeinde. „Und übrigens, Ruth", fügte sie hinzu, „ich wollte schon lange mit dir darüber sprechen, wie du deiner Tochter erlauben kannst, sich das Haar zu blondieren und Makeup zu benutzen." Meine Mutter lächelte, dankte der Dame für ihren Rat, zwinkerte mir dann zu und sagte, dass ich bildhübsch aussäh. Ausgefallen, aber wunderschön.

Diese scheinbar kleine Wunde, die mir in einer Gemeinde zufügt wurden, war die erste einer Reihe weiterer Verletzungen durch andere Menschen, die ich bis heute erlebe. Es sind Wunden durch Personen in der Gemeinde, die mich verurteilt haben, zwar nicht für mein Aussehen, aber für meine Art zu sprechen ... und dafür, wo ich spreche ... und zu wem ich spreche.

Dies sind nur einige weniger meiner frühesten Erfahrungen, bei denen ich durch Gottes Volk verletzt und entfremdet wurde. Nach all den Jahren mögen sie harmlos erscheinen, aber ich erinnere mich noch so genau an sie, weil sie damals so weh getan haben – und weil sie die ersten von vielen weiteren Erfahrungen waren, die noch folgen sollten. Einige weitere Geschichten werde ich später in diesem Buch noch schildern. Doch in all diesen schmerzhaften Situationen half Gott mir durch seine unendliche Gnade, zwischen seinem Volk und ihm selbst zu unterscheiden. Bei jeder schmerzhaften Erfahrung stand ich vor einer Entscheidung: *Würde ich ihn ablehnen, weil ich von den Seinen abgelehnt worden war?* Statt diese Entscheidung bei jeder einzelnen Verletzung zu wiederholen, traf ich vor einigen Jahren den Entschluss, ein für alle Mal für Gott zu leben, ganz gleich, wie andere sich in seinem Namen verhalten würden. Das heißt, die Art und Weise, wie Menschen mich behandelten, sollte keinerlei Auswirkungen auf meine Beziehung zu ihm haben, abgesehen von dem Ansporn, mich noch enger an ihn zu halten ... meinen Glauben an ihn zu stärken ... noch intensiver danach zu suchen, ihn so zu erkennen, wie er wirklich ist, im Gegensatz zu dem getrübten Spiegelbild, das andere mir vermitteln. Diese Entscheidung hat sich als wertvoll erwiesen, denn so bewahrt und von Gebet getragen meine Familie immer war und ist, kann ich Ihnen – ohne ins Detail zu gehen – versichern, dass es Wunden über Wunden gab. Verrat, Ehebruch, Vergewaltigung, Alkoholabhängigkeit, Diebstahl, Drogensucht, Lüge und andere Auswüchse der sündigen Natur sind im weiteren Kreis meiner Verwandtschaft vorgekommen.[34] Handlungen aus Eifersucht, Ehrgeiz, Stolz, Begierde und Habgier – schlicht und einfach aus Sünde – haben Wunden geschlagen, die den Verwundeten unermesslichen Schaden zufügten. Überrascht Sie das? Dass zur Verwandtschaft eines Predigers nicht nur tief verwundete Menschen gehören, sondern auch Menschen, die andere verletzen? Doch, so ist es. Und es ist einer der Gründe, warum ich weiß, dass Gott heilt. Er kann die Verwundeten wiederherstellen. Und den Tätern vergeben.

Wenn man es sich genauer überlegt: Warum sollte meine Familie überhaupt von Wunden ausgenommen sein? Die Bibel sagt, dass alle gesündigt haben – dass das Herz des Menschen hoffnungslos böse ist – und wir in einer gefallenen Welt leben.[35] Ich wage zu sagen, dass alle Familien mehr oder weniger schlimme Wunden tragen, die einer dem anderen zugefügt hat. Das Familienleben kann hart sein.

Und für Hagar wurde das Leben in ihrer „Familie" immer härter. Für sie als Sklavin gehörten Verwundungen zu ihrem Alltag. Ägypten zu verlassen konnte für ein junges Mädchen für sie zwar beängstigend sein, doch ich frage mich, ob sie es zuerst eher als ein Abenteuer betrachtete! Vielleicht konnte sie es kaum abwarten, die Welt außerhalb der Palastmauern und jenseits der ägyptischen Grenze zu erkunden. Vielleicht war sie begeistert, der Autorität der Palastbeamten und des Pharaos zu entkommen, und freute sich, stattdessen der atemberaubend schönen Prinzessin Sara zu dienen. Vielleicht dachte Hagar, dies sei der Ausweg aus ihrem Leben voller Verletzungen, die sie immer erträumt, aber nie für möglich gehalten hatte.

Wenn ich an die ersten Jahre unseres Lebens denke, vermute ich, dass die meisten von uns die Welt mit offenen, erwartungsvollen Augen betrachteten. Wir waren voller Vorfreude auf Abenteuer und Entdeckungen. In unserer kindlichen Vorstellungskraft und unseren jugendlichen Träumen schienen die Möglichkeiten unendlich. Doch irgendwann landeten wir auf dem Boden der Realität.

Wann wurden Sie mit dem wahren Leben konfrontiert? Unsere Träume können zerbrechen, wenn wir wie Hagar feststellen, dass alle Umstände gegen uns ausschlagen – sei es durch eine dysfunktionale Familie, einen abwesenden Elternteil, Geschwister, die uns quälen und im nächsten Moment umarmen, oder Freunde oder entfernte Verwandte, die uns missbrauchen. Vielleicht wurden Sie in ihrer Kindheit oder Jugend verletzt …

> … weil Sie in jungen Jahren viel arbeiten mussten, um den Lebensunterhalt der Familie aufzubessern, sodass Sie um einen großen Teil Ihrer Kindheit gebracht wurden;
> … durch die bittere Erfahrung der hässlichen Scheidung Ihrer Eltern in einer Zeit, in der Sie Ihre Eltern am meisten brauchten.
> … durch den plötzlichen Tod eines Elternteils oder eines Ihrer Geschwister, nachdem Sie sich verlassen fühlten … für immer.
> … weil Ihre Familie auf der Suche nach einer besseren Arbeitsstelle ständig umzog oder zu einer anderen Militärbasis wechselte.
> … Ihre Erwartungen in Bezug auf eine neue berufliche Karriere enttäuscht wurden, die alles andere als erfreulich verlief.

Wurde aus dem großen Aufbruch eine große Pleite? Manchmal kann die Flucht aus einer wunden Vergangenheit zu einer noch schlimmeren Situation werden, wenn wir feststellen, dass die Wunden nicht einfach von außen kamen, sondern in unserem Inneren sind. Wir tragen diese Wunden mit, ganz gleich, wohin wir gehen, was tun oder mit wem wir zusammen sind.

Das Leben kann hart sein, nicht wahr? Kaum haben wir die Behaglichkeit im Mutterleib verlassen, gibt uns der Arzt oder die Hebamme einen Klaps auf den Po, damit wir weinen und unseren ersten Atemzug machen, und das tut weh. Jeder, der länger lebt als einen Tag, erfährt vielfältige Verletzungen. Das Leben bringt Schmerz mit sich! Weil das Leben tatsächlich hart ist.

Hagars Leben bei Abraham und Sara war vielleicht in der ersten Zeit nicht hart. Offenbar führte sie zehn Jahre lang ein angenehmes und frohes Leben in Abrahams Familie, nachdem sie Ägypten verlassen hatten. Vielleicht dachte sie, dass sie die harte Zeit ihres Lebens für immer hinter sich gelassen hatte. So jung, wie sie war, fiel es ihr sicher leicht, die neue Sprache zu erlernen, und sie hat keine Mühe, sich auf das Nomadenleben einzustellen und an die neuen Gewohnheiten anzupassen. Hätte sie sich nicht gut in die Familie eingelebt, hätte Sara nie daran gedacht, sie Abraham zu empfehlen, wie wir es im nächsten Kapitel sehen werden. Hagar hätte sich nach Ägypten und dem ihr vertrauten Leben zurücksehnen können, aber es gibt keinen Hinweis, dass sie Heimweh hatte. Allem Anschein nach konnte Hagar ihr neues Zuhause, ihre neue Familie, ihre neue Lebensweise und ihre neue Zukunft ohne jedes Bedauern bereitwillig annehmen und sich flexibel darauf einstellen.

Ich frage mich, was sie wohl dachte, als sie zum ersten Mal sah, wie Abraham einen Altar baute und den Namen seines Gottes anrief.[36] Bat sie ihn oder Sara oder einen der Knechte oder Mägde um eine Erklärung? Sicher bekam sie zur Antwort, dass Abraham den allein wahren Gott anbetete, den Herrn, den höchsten Gott, den Schöpfer des Himmels und der Erde.[37] Wenn sie nach dem Abendessen abräumte und ihrer Herrin diente, erzählte Sara ihr dann, wie Gott zu Abraham gesprochen hatte, als er noch in Ur lebte? Dass Gott ihm gesagt hatte, dass er ihn und durch ihn die Welt segnen würde, wenn Abraham ihm folgen und gehorsam im Glauben leben würde?[38] Teilte Sara ihr mit, dass ein Aspekt des Segens, den Gott

Abraham zugesagt hatte, die Verheißung eines „Samens" war – eines Sohnes?[39] Sara brauchte Hagar nicht zu sagen, dass sie diesen Samen nicht empfangen und ein Kind zur Welt bringen konnte. Das war für alle offensichtlich. Nicht nur durch die Tatsache, dass es keinen Sohn gab, sondern auch durch den wehmütigen, leeren Gesichtsausdruck von Sara, wenn sie von der Sehnsucht sprach … und von der Verheißung.

Hagar wurde von ihrer neuen Herrschaft sicher gut und freundlich behandelt, und sie wird diese Behandlung auf den „Gott" zurückgeführt haben, den Abraham und Sara anbeteten. Der Kontrast zwischen ihrer Lebensweise und dem Lebensstil der Kanaaniter ihrer Umgebung wird sie motiviert haben, diesen Gott und den Glauben an ihn ernst zu nehmen. Auf dem Hintergrund ihrer Erfahrung in Ägypten wird Hagar erkannt haben, was für Menschen die Kanaaniter waren … obszön, pornografisch, egoistisch und selbstbezogen, habgierig, grausam …, aber wohlhabend und attraktiv. Die Kanaaniter waren zwar nicht so kultiviert wie die Ägypter, aber sie waren der Kultur sehr ähnlich, in der Hagar aufgewachsen war. Abrahams Familie dagegen war anders.

Den Unterschied hatte sie selbst erlebt, als ein Streit zwischen Abrahams Hirten und denen seines Neffen Lot ausbrach.[40] Abraham griff sofort ein, um den Konflikt zu lösen, während Lot die Krise zum eigenen Vorteil nutzte und sich das beste Weideland für seine Herden wählte. Lot schien alles zu bekommen, während Abraham nichts übrigblieb, als unter den Bäumen zu zelten. Hagar wunderte sich bestimmt und es weckte ihre Bewunderung, dass Abraham nicht bitter reagierte, sondern zufrieden wirkte. Anders als die Kanaaniter und Ägypter beharrte er nicht auf seinem Recht, prahlte nicht mit seiner Stellung, kämpfte nicht um mehr Besitz und benutzte seine Macht nicht dazu, anderen seinen Willen aufzuzwingen. Er schien alles loszulassen und darauf zu vertrauen, dass Gott ihm geben würde, was auf lange Sicht das Beste war. Abraham schien für etwas zu leben, das höher ... umfassender ... größer war als das Hier und Jetzt. Nach und nach muss Hagar erkannt haben, dass dieses Größere nicht *etwas* war, sondern *jemand*. In ihr wuchs die Erkenntnis, dass es Gott war, der den Unterschied in Abrahams Leben bewirkte.

Ich frage mich, ob Hagar im Lauf der Jahre eine echte Zuneigung für Abraham und seine Familie entwickelte. Fing sie an, auf die Erfüllung der Gebete von Abraham und Sara zu hoffen? Steckte Abrahams Vertrauen auf Gottes Zusage sie an, sodass sie sich auf den Tag freute, an dem er und Sara einen Sohn bekommen würden? In den zehn Jahren, in denen sie ihnen nach dem Weggang aus Ägypten gedient hatte, fing sie vermutlich an, sich bei ihnen zuhause zu fühlen, sie zu respektieren, Zuneigung für sie zu empfinden und ihnen zu vertrauen.

Hagars langjährige Beziehung zu Abraham und Sara muss den Schmerz der Verletzung noch vertieft haben. Denn während jeder von uns auf dem eigenen Lebensweg so manche Beule und Schramme abbekommt – Ungerechtigkeit, unfaire Behandlung, Unfreundlichkeit, Gemeinheit –, hat Hagars Geschichte nichts mit dieser Art von Verletzungen zu tun. Ihre Geschichte handelt von Wunden durch Menschen, bei denen sie sich sicher gefühlt hatte und von denen sie es am wenigsten erwartet hätte. Wunden, die ihr von Menschen zugefügt wurden, die sie liebte, die sie respektierte und denen sie vertraute. Hagar wurde durch Gottes Volk verletzt.

Wenn auch Sie durch Gottes Volk verletzt wurden ... verwundet durch Menschen, bei denen Sie sich sicher fühlten und von denen sie es am wenigsten erwartet hätten ... verwundet von Menschen, die Sie liebten, die Sie respektierten und denen Sie vertrauten ..., dann verstehen Sie, dass Schmerz etwas ist, das sich nicht einfach und schnell überwinden lässt. Es kann sein, dass wir solche Wunden mit uns herumtragen, bis sie anfangen, in einen Kreislauf des Schmerzes zu münden und wir selbst zu Menschen werden, die andere verletzen.

~ 3 ~

Der Schmerzkreislauf

Die Verwundeten verwunden andere

Sarai, Abrams Frau, gebar ihm kein Kind. Sie hatte aber eine ägyptische Magd, die hieß Hagar. Und Sarai sprach zu Abram: Siehe, der HERR hat mich verschlossen, dass ich nicht gebären kann. Geh doch zu meiner Magd, ob ich vielleicht durch sie zu einem Sohn komme.

Und Abram gehorchte der Stimme Sarais. Da nahm Sarai, Abrams Frau, ihre ägyptische Magd Hagar und gab sie Abram, ihrem Mann, zur Frau, nachdem Abram zehn Jahre im Lande Kanaan gewohnt hatte. Und er ging zu Hagar, die ward schwanger.

Als sie nun sah, dass sie schwanger war, achtete sie ihre Herrin gering. Da sprach Sarai zu Abram: Das Unrecht, das mir geschieht, komme über dich! Ich habe meine Magd dir in die Arme gegeben; nun sie aber sieht, dass sie schwanger geworden ist, bin ich gering geachtet in ihren Augen. Der HERR sei Richter zwischen mir und dir.

Abram aber sprach zu Sarai: Siehe, deine Magd ist unter deiner Gewalt; tu mit ihr, wie dir's gefällt. Da demütigte Sarai sie …
1. Mose 16,1-6

Als ich siebzehn Jahre alt war, legte unser geliebter Familienpastor meinen Eltern sehr ans Herz, mich für zwei Wochen an einem christlichen Institut für eine Leiterschulung anzumelden. Das Institut befand sich in der Gebirgsregion eines spektakulär schönen westlichen Bundesstaates. Als sie seinem Rat folgten und mich anmeldeten, war ich begeistert. Ich tauchte in sämtliche Workshops, Wahlseminare und Hauptveranstaltungen ein. Nach Jahren in einer öffentlichen Schule freute ich mich auf die Schulung und die gleichgesinnten Freunde, die ich kennenlernen würde. Freunde, die auch in ihrer Beziehung zu Gott wachsen wollten und leidenschaftlich nach Wegen suchten, andere Menschen mit ihm bekannt zu machen. Nach einigen Tagen wurde ich zusehends skeptischer – nicht, weil die vermittelten Lehren unbiblisch gewesen wären, sondern weil das Verhalten der Mitarbeiter nicht mit dem übereinstimmte, was sie lehrten.

Eines der Seminare wurde von einem gutaussehenden Paar geleitet, das verlobt war und gerade ein gemeinsames Wochenende an der Küste verbracht hatte. Die Augen der jungen Frau funkelten, als sie mir von den innigen Stunden im Strandhaus erzählte. Andere Veranstaltungen wurden von Leuten geleitet, die genau das Richtige sagten, doch ihre Gespräche außerhalb der regulären Veranstaltungen kamen mir stolz, selbstbezogen und selbstgerecht vor. Da ich die Lehre dieser Leiter nicht mit ihrer Lebensweise in Einklang bringen konnte, verlor ich das Interesse an der Schulung. Wie sich herausstellte, war ich nicht die Einzige.

Ich fand schon bald eine ganze Gruppe von Freunden, die ebenso ernüchtert waren, und wir fingen an, uns während der Abendvorträge davonzuschleichen, um uns in einer nahegelegenen Ferienanlage die Zeit zu vertreiben. Da ich einige Veranstaltungen ausgelassen hatte, wurde ich am letzten Tag von einer der jungen Frauen angesprochen, mit denen ich in dem Teilnehmerhotel ein Mehrbettzimmer teilte. Sie sprach die kollektive Enttäuschung der anderen Mädchen aus, die alle fanden, dass ich weit hinter den Erwartungen zurückgeblieben war, die sie an mich als Tochter von Billy Graham stellten. Dann schilderte sie unter Tränen, wie alle im Schlafsaal für mich beteten, weil ich so „fleischlich gesinnt" war. Ich war nicht sicher, was sie mit „fleischlich gesinnt" meinte, aber wenn es bedeutete, anders zu sein als die Mädchen im Schlafsaal, die mich verurteilten, dann wollte ich gern so sein!

Meine Erwartungen an das Institut, die Leiter und die Freundschaften, auf die ich gehofft hatte, lösten sich immer mehr in Luft auf. Noch heute erinnere ich mich an den Schmerz der Desillusionierung und Enttäuschung über die mangelnde Authentizität der christlichen Lebensweise und Liebe, die ich dort beobachtet hatte. Ich frage mich, ob Hagar einen ähnlich ernüchternden Realitätsschock erlebte.

Hagar konnte nicht ahnen, dass sie zu einer verletzten Familie gekommen war. Und wenn eine Familie verletzt ist, muss es jemanden geben, der den Schmerz verursacht hat – einen „Verletzer".

Abraham, der Freund Gottes, der Gründungspatriarch der Nation Israel, der Vater der Glaubenden, war nicht nur selbst ein Verletzer, sondern war auch mit einer Frau verheiratet, die ihrerseits andere verletzte. Sara war eine verletzte Frau, die in ihrem Schmerz andere verwundete.

Abraham und Sara liebten einander aufrichtig, doch sie hatten keine Kinder. Seit vielen Jahren litten sie unter dem tiefen Schmerz, den nur kinderlose Paare wirklich verstehen können. Abraham wünschte sich unbedingt einen Sohn, dem er sein ganzes Wissen und seinen Besitz weitergeben konnte. Sara wünschte sich genauso inständig ein Kind, nicht nur zu ihrer eigenen Erfüllung, sondern auch, um von der Schmach befreit zu werden, die in ihrer Kultur mit Kinderlosigkeit verbunden war. Neben ihren eigenen Gründen für ein Kind wünschte sie sich zweifellos auch, ihrem geliebten Mann den Sohn zu schenken, nach dem er sich so sehnte. Um die Zeit, als Hagar zu Abraham und Sara kam, hatte der Schmerz der Unfruchtbarkeit schon den Keim für einen verheerenden Kreislauf der Verletzung gelegt.

Ich frage mich …, wann kam Sara erstmals auf den Gedanken, dass sie vielleicht eine geniale Lösung für den Schmerz in ihrem Leben gefunden hatte? Vielleicht kam ihr die Idee immer logischer vor, je länger sie darüber nachdachte. Sie wusste, dass Gott Abraham einen Sohn versprochen hatte, aber Gott hatte nicht gesagt, ob dieser Sohn auch ihr Kind sein würde. Es konnte doch sein, dass Gott nur darauf wartete, dass sie etwas unternahm. Gewiss hilft Gott sowieso denen, die sich selbst helfen, dachte sie. Und da sie nicht mehr im gebärfähigen Alter war – was aus ihrer Sicht bedeutete, dass das Kind, das Gott Abraham versprochen hatte, unmöglich ihr eigenes biologisches Kind sein konnte –, gab es vielleicht eine andere Lösung? Einen Ausweg aus ihrem Schmerz. Eine Möglichkeit, ihren lebenslangen Traum zu erfüllen und zu bekommen, was Gott versprochen hatte – ein Kind.

Saras Lösung? Eine Ersatzmutter! Es schien eine brillante Idee zu sein. Vielleicht fragte sie sich sogar, warum sie nicht schon früher darauf gekommen war. Alle ihre Nachbarinnen folgten dem damaligen Brauch, durch eine Magd die Kinder zu bekommen, die sie selbst nicht haben konnten, so wie heute viele Paare eine Leihmutter suchen, die ihr Kind austragen kann. Bestimmt schlug Saras Herz schneller und ihre Augen strahlten in freudiger Erwartung, als sie zu Abraham ging und ihm den Vorschlag machte: „Der HERR hat mich verschlossen, dass ich nicht gebären kann. Geh doch zu meiner Magd, ob ich vielleicht durch sie zu einem Sohn komme."[41] Und in diesem Moment nahm der Kreislauf des Schmerzes seinen Lauf, denn Abraham „gehorchte der Stimme Sarais ... Und er ging zu Hagar, die ward schwanger."[42]

Weder Abraham noch Sara fragten Gott, bevor sie handelten. Tief im Innern wussten sie wohl, was er zu dieser ehebrecherischen Lösung sagen würde. Auch wenn eine Ersatzmutter als Lösung, um Kinder zu bekommen, in ihrer Umgebung üblich war, hatte Gottes Wort von Anfang an klar erklärt, dass die Ehe zwischen nur einem Mann und einer Frau geschlossen werden sollte.[43] Zwar verurteilt die Bibel Abraham und Sara nicht für das, was sie taten, aber sie zeigt uns durch den weiteren Verlauf der Geschichte, dass ein Problem nie gelöst wird, indem man sich über Gottes Prinzipien hinwegsetzt, sondern dass dies alles nur noch verschlimmert. In diesem Fall fanden Abraham und Sara vorübergehend eine Linderung für ihren Schmerz, doch ihr Leben wurde wesentlich komplizierter. Es dauerte nicht lange, bis ihr Zuhause nicht mehr von Liebe und Frieden, sondern vom Klang wütender Stimmen erfüllt war. Beziehungen wurden bis zur Belastungsgrenze strapaziert. Zu den bisherigen Wunden kamen weitere Schichten hinzu. Und keiner der beiden machte sich Gedanken, ob Hagar dabei nicht verletzt werden würde. Wie musste sie sich als Ersatzmutter für Abrahams Kind fühlen? So viele Wunden werden völlig gedankenlos verursacht, nicht wahr? Wir sündigen nie für uns allein. Sünde hat immer auch Auswirkungen auf andere und beeinträchtigt gewöhnlich die Menschen, die uns am nächsten stehen.

Als Hagar schwanger wurde, traten ihre Wunden in der ersten Zeit wahrscheinlich noch nicht zutage. Die Tatsache, dass sie nun Abrahams Kind austrug, verschaffte ihr sicher eine wesentlich bessere Stellung. Aber dann …! Wurde Hagar überraschend bewusst, dass nun sie, und nicht Sara, diejenige sein würde, die diesem bedeutenden Mann verschaffte, wovon er immer geträumt hatte – einen Sohn? Diese Vorstellung muss ihre Gedanken regelrecht gesprengt haben … *Du meine Güte. Ich trage das Kind der Verheißung in mir!* Wurde ihr bewusst, dass sie nun einen besonderen Wert in der Familie hatte? Einen Wert, aus dem sie eine bessere Behandlung herausschlagen würde. Eine höhere Position. Ein luxuriöseres Zelt. Eigene Dienerinnen. Brach ihre ägyptische Erziehung durch, als sie arrogant und selbstsüchtig reagierte? Triefte ihre Stimme vor Herablassung, wenn sie mit Sara sprach? Zog sie die Augenbrauen hoch, rümpfte die Nase, schüttelte ihr Haar und wies ihre Herrin ab wie eine Untergebene, die ihr auf die Nerven ging? War sie nicht länger eifrig bereit, ihre Aufgaben zu erfüllen, sondern reagierte zögernd und schmollend, wenn sie zu irgendeinem Dienst aufgefordert wurde? Wie auch immer Hagar ihr Gefühl der Überlegenheit zum Ausdruck brachte – wir wissen, dass das Glücksgefühl über ihre Schwangerschaft nicht lange anhielt, denn „als sie nun sah, dass sie schwanger war, achtete sie ihre Herrin gering."[44] Hagar war offensichtlich der Ansicht, dass ihre Schwangerschaft sie irgendwie besser machte als Sara.

Hagars Arroganz und ihr wachsender Bauch brannten gewiss wie Salz in den tiefen Wunden, die Saras wundes und empfindsames Herz quälten. Das Baby mochte zwar rechtlich ihr gehören, da Hagar ihre Dienerin war, doch das Kind würde nie wirklich ihr eigenes sein. Sara war nach wie vor unfruchtbar und tief verletzt. In ihrem Schmerz und mit verständlicher Wut wandte sie sich gegen Abraham, der vor dem Zorn seiner Frau einknickte. Und dann griff sie Hagar an.[45]

Verwundete Menschen können sehr schnell dazu übergehen, selbst andere zu verletzen, nicht wahr? Diese Lektion musste ich als junges Mädchen auf ziemlich dramatische Weise lernen. Als meine ältere Schwester das Haus verließ, um die Schule zu besuchen, erbte ich ihren kleinen Silberpudel Cedric, und wir wurden im Nu unzertrennlich. Cedric schlief nachts bei mir, wich keine wache Minute von meiner Seite, saß während der Mahlzeiten neben mir, begleitete mich morgens zur Haustür, wenn ich zur Schule ging, und wartete nachmittags hinter der Tür, um mich wieder willkommen zu heißen. Ich liebte diesen kleinen Hund!

Eines Nachmittags kam Doug, ein Mitarbeiter meines Vaters, um mich zu einer Verabredung zu fahren. Ich vergaß, Cedric im Haus anzuleinen, bevor ich hinauslief und ins Auto sprang. Als wir die steile, gewundene Einfahrt hinunterrollten, schaute ich aus dem Fenster und bemerkte entsetzt, dass Cedric uns hinterherlief, um mich einzuholen! Ich drängte Doug, den Wagen anzuhalten, damit ich Cedric einfangen konnte, doch er dachte, er könnte einfach Gas geben und ihn auf diese Weise abhängen.

Wenige Augenblicke später hörte ich das befürchtete Rumpeln unter dem Wagen und wusste, dass wir meinen kleinen Freund überfahren hatten. Doug hielt an und ich sprang aus dem Wagen. Tatsächlich lag Cedric als regloses Knäuel in der Einfahrt. Ich rannte zu ihm hinüber, um ihn aufzuheben, doch sofort zuckte ich vor Schmerz und Verwirrung zurück, als er laut aufjaulte und mir seine Zähne tief in die Hand grub – bis auf die Knochen. Und er ließ einfach nicht mehr los. Ich musste ihn energisch abschütteln, um meine Hand zu befreien.

Nun waren wir beide verletzt und bluteten. Cedric wimmerte und ich schluchzte!

Ich wickelte seinen zerschundenen kleinen Körper in meine Jacke und hielt sorgfältig Distanz zu seinen Zähnen, während wir ihn so schnell wie möglich zum Tierarzt brachten. Später, als meine Wunde gereinigt und in einen Verband gelegt war, fragte ich meine Mutter, warum Cedric mich angegriffen hatte. „Cedric hatte Schmerzen, Anne", erklärte sie, „und wenn Tiere leiden, muss man sich ihnen mit größter Vorsicht nähern, weil es sein kann, dass sie in ihrem Schmerz blind zum Angriff übergehen."

Diese Lektion habe ich nie vergessen. Verwundete Tiere, ob Zwei- oder Vierbeiner, können selbst zu Angreifern werden, wenn sie Schmerzen haben. Glücklicherweise können wir uns, wie Cedric, auch von dem schmerzbedingten, blinden „Zuschnappen" erholen. Obwohl mein kleiner Freund ein Jahr nach dem Unfall durch Komplikationen seinen inneren Verletzungen erlag, blieb er mir bis zu dem Tag, an dem er starb, immer treu und zugewandt.

Das vielleicht extremste Beispiel dafür, dass ein verwundeter Mensch buchstäblich selbst zu verletzen beginnt, sind Menschen, die sich durch Ritzen selbst verletzen. Personen, die an dieser Störung leiden, schneiden sich regelmäßig selbst blutig, um so die angestaute Wut, Angst, Scham, Schuld und Not abzureagieren. Der körperliche Schmerz dient ihnen dazu, den emotionalen Schmerz zu lindern. Zu den besonders prominenten Personen, die ihr Ritzen öffentlich gemacht haben, gehört die verstorbene Prinzessin Diana. In einem BBC-Interview bekannte sie, dass sie sich mit einem gezackten Zitrusmesser, einem Taschenmesser und Rasierklingen ritzte. Auf die Frage, was sie dazu veranlasste, sich und anderen Schaden zuzufügen, sagte sie: „Man hat so viel Schmerz in sich, dass man versucht, sich äußerlich zu verletzen, weil man Hilfe braucht."

Leidende Menschen fügen anderen Schmerz zu. Und oft teilen diejenigen, der am meisten „geschnitten" wurden, am kräftigsten aus. Sie stauen ihren Schmerz und Zorn, ihre Bitterkeit, Frustration oder Unversöhnlichkeit oder ihren Groll so lange auf, bis diese Emotionen übermächtig werden und sie beherrschen. Sie werden von einem Zorn beherrscht, den Jesus als „zürnen ohne Grund"[46] bezeichnete. Ein solcher Zorn kann in blinde Wut ausbrechen, die überhaupt nichts mit der Person zu tun hat, die gerade in der Nähe ist; es ist ein angestauter Zorn im Innern, der plötzlich überkocht. Der Ausbruch bringt zwar eine vorübergehende Linderung, doch die traurige Tatsache ist, dass die Betroffenen sich durch das „Schneiden" nur für kurze Zeit besser fühlen. Sie können sogar zu einer anderen Art der Selbstverletzung übergehen – indem sie sich für ihr unkontrollierbares Verhalten selbst bestrafen. Als würden sie verschorfte Wunden ständig aufkratzen, durchleben sie die schmerzhaften Situationen immer wieder und führen dabei imaginäre Selbstgespräche, die nie zu enden scheinen. Sie leben mit einem Schuldgefühl wegen ihrer Selbstverletzungen und wünschen sich verzweifelt, sie könnten alles ungeschehen machen.

Wenn wir verwundet sind, müssen wir genau aufpassen, was als nächstes geschieht. Denn der Schmerz macht uns anfällig für den Feind unserer Seelen, der uns dazu benutzen will, andere zu verwunden. Sehen Sie sich vor!

Es besteht kein Zweifel, dass Sara litt. Und als sie noch zusätzlich verwundet wurde, ging sie sofort dazu über, zurückzuschlagen.

Können Sie sich mit Prinzessin Diana oder mit Hagar identifizieren? Haben Sie selbst versucht, Ihren Schmerz durch weiteren Schmerz zu lindern? Es funktioniert aber nicht, oder? Selbstverletzungen lindern den Schmerz bestenfalls vorübergehend. Für einige Augenblicke, Stunden oder Tage mag es sich gut anfühlen, doch dann wird der Schmerz nur noch größer und anhaltender. Der Kreislauf zieht immer größere Kreise und kann sogar an ganze Generationen weitergegeben werden. Was wäre also die Alternative, wenn man Gott einbezieht?

Die Bibel erzählt von einer anderen Frau – viele Jahre nach der Geschichte von Abraham, Sara und Hagar –, die denselben tiefen Schmerz spürte wie Sara, denn auch sie war unfruchtbar. Und wie Sara wurde sie immer wieder an demselben wunden Punkt tief verletzt. Diese Frau hieß Hanna.

Hanna war die zweite Frau von Elkana; ihre „Hagar" oder Widersacherin war Peninna, die erste Frau ihres Mannes, die Hanna gnadenlos verhöhnte, weil sie kein Kind empfangen und austragen konnte. „Jahr um Jahr war es dasselbe – Peninna verhöhnte Hanna …, sodass Hanna weinte und nichts mehr essen wollte."[47] Es besteht kein Zweifel, dass Hanna litt, doch wie reagierte sie auf Peninna? Schlug sie zurück? Teilte sie zumindest mit Worten aus? Wandte sie sich gegen Elkana und machte ihm Vorwürfe, dass er so etwas in seinem Haus duldete?

Nein. Nichts von alledem. Hannas Umgang mit ihrem Schmerz steht in einem starken Kontrast zu der Art und Weise, wie Sara auf ihren Schmerz reagierte. Hannas Verhalten zeigt uns ein schönes, bewegendes Bild von einer völlig anderen Reaktion auf Verletzungen, die alle Kinder Gottes nutzen können.

Hanna betete. Mit ihren eigenen Worten erklärte sie: „Ich bin sehr traurig und habe dem Herrn mein Herz ausgeschüttet … Ich habe aus großem Kummer und Leid gebetet."[48] Hanna weigerte sich, selbst verletzend zu reagieren. Der Kreislauf des Schmerzes endete, als sie die Entscheidung traf, zu beten, statt zurückzuschlagen. Sie betete, bis sie die Gewissheit hatte, dass Gott ihr Gebet gehört hatte. Sobald sie diese Gewissheit hatte, verschwand die Depression und sie „ging zurück und fing wieder an zu essen und sie war nicht mehr traurig."[49]

Statt im Kreislauf des Schmerzes eine weitere Runde zu drehen, wurde Hanna über die Maßen gesegnet! Gott erhörte ihr Gebet auf übernatürliche Weise und schenkte ihr nicht nur einen ganz besonderen Sohn – Samuel –, sondern rührte ihre Gebärmutter an, sodass sie sogar noch drei weitere Söhne und zwei Töchter bekam.[50] Indem Hanna sich weigerte, selbst mit einem verletzenden Verhalten zu reagieren, erlebte sie Freude und Glück und letztlich Ehre – nicht nur in den Augen ihres Mannes, ihrer Freunde und zukünftiger Generationen, sondern auch in den Augen ihrer Rivalin und Peinigerin Peninna.[51]

Wenn Sie verwundet sind, besonders wenn die Wunde einen Punkt trifft, an dem Sie schon sehr dünnhäutig sind, welche langfristigen Auswirkungen wird es dann haben, wenn Sie sich entscheiden, so zu reagieren wie Hanna? Wenn Sara gebetet hätte, statt zurückzuschlagen, wäre nicht nur ein Schmerzkreislauf in ihrer eigenen Familie vermieden worden, sondern sie hätte den Segen, den Gott für sie bereithielt, gewiss viel eher empfangen. Doch indem sie die Dinge selbst in die Hand nahm, zögerte sie den besonderen Segen Gottes – die Geburt ihres eigenen Sohnes – um dreizehn Jahre hinaus.

Als Hagar durch ihre Überheblichkeit und Dreistigkeit in Saras verletztem Herzen eine Lawine der Wut auslöste, ging Sara dazu über, nun selbst um sich zu schlagen. Sie überrollte Abraham mit einem emotionalen Tsunami, sodass er resigniert mit den Schultern zuckte und jede Verantwortung abgab: „Tu mit ihr, wie dir's gefällt."[52] Nach diesen Worten zog er sich zurück.

Sara hielt es offenbar für das Beste, Hagar genauso tief zu verletzen, wie Hagar sie verletzt hatte: „Da demütigte Sarai sie."[53] Die Bibel macht zwar keine Angaben darüber, wie Sara Hagar demütigte, aber wir können es uns leicht vorstellen. Zog sie über Hagar her, indem sie herablassend erklärte, dass sie es nie zu irgendetwas bringen würde? Schlug sie Hagar oder verbannte sie sie in das Zelt der Bediensteten, wo Hagar sich mit Brot und Wasser begnügen musste? Übte sie Vergeltung, indem sie Hagar zwang, neben ihren häuslichen Pflichten auch noch den Mist der Kamele aus dem Lager zu beseitigen? Wir können zwar nur vermuten, was sich zwischen den beiden abspielte, doch es ist klar, dass Sara, die im Neuen Testament als herausragende Frau des Glaubens gepriesen wird, Hagar verwundete.

Bevor wir nun die Augenbrauen hochziehen und Sara verurteilen, liebe Leser, sollten wir vielleicht fragen, wie viele von uns selbst andere verletzt haben. So traurig und beschämend es ist, müssen wir zugeben, dass selbst Christen, die wir in ihrem Glauben für vorbildlich halten, andere verletzen. Das weiß ich nur zu gut.

Vor einigen Jahren investierte eine sehr liebe junge Freundin viel Zeit und Kraft, um in ihrer Stadt mehrere strategische Workshops für mich zu organisieren. Sie leistete hervorragende Arbeit, indem sie nicht nur dafür sorgte, dass jede Veranstaltung bis auf den letzten Platz von engagierten Männern und Frauen besucht wurde, sondern die Treffen auch selbst moderierte. Sie begrüßte die Teilnehmer mit gut gewählten Worten und sicherem Auftreten und hob unser Anliegen hervor, die Herzen des Volkes Gottes neu zu beleben. Nach den erforderlichen allgemeinen Ankündigungen warb sie für meine Bücher und Medien, die an einem Stand im hinteren Teil des Saales angeboten wurden. Ich wusste, dass sie es in der Überzeugung tat, dass jedes angebotene Exemplar den Käufern helfen würde, Gottes Wort tiefer kennenzulernen. Auch wenn ich keinen Zweifel an ihrer Motivation hegte, hatte ich die Sorge, dass einige Teilnehmer irrtümlich annehmen könnten, wir würden die Treffen dazu benutzen, mit meinen Produkten Geld zu verdienen. Deshalb trat ich mit der Absicht ans Mikrofon, ihre Ansage klarzustellen. Aber ich ging ungeschickt vor. Sensibel gegenüber den Teilnehmern, aber unsensibel gegenüber meiner Freundin, spielte ich die Bücher herunter und sagte, dass es wichtiger sei, sich selbst in Gottes Wort zu vertiefen. Doch so, wie ich es formulierte, klang es wie ein Tadel.

Erst am letzten Abend nach Abschluss aller Veranstaltungen wurde mir bewusst, wie tief meine Freundin verletzt worden war. Durch mich. Früh am nächsten Morgen rief ich sie an und fragte, ob wir uns treffen könnten. Sie war einverstanden. Als ich ihr Büro betrat, sah ich den Schmerz in ihren Augen und den niedergeschlagenen Gesichtsausdruck. Ich wusste, dass ich sie nur deshalb so tief hatte verletzen können, weil sie mich liebte und sehr schätzte. Ich holte tief Luft, schluckte schwer und sprach dann aus, wie leid es mir tat. Zu meinem Kummer war sie nicht so schnell bereit, meine Entschuldigung anzunehmen, und das war eine schwere Lektion für mich. Verwundete Menschen können ihre Verletzungen manchmal nicht so leicht oder schnell überwinden. Es fällt ihnen manchmal sehr schwer, Wunden einfach wegzuwischen, nur weil die verletzende Person gesagt hat: „Es tut mir leid." Doch ich blieb beharrlich, denn ich wollte unbedingt die herzliche Beziehung wiederherstellen, die mir so viel bedeutete. Deshalb ging ich im Einzelnen mit ihr durch, was ich gesagt hatte, und sie erklärte mir, wie meine Worte bei ihr angekommen waren. Ich erläuterte, warum ich es gesagt hatte, und hörte mir ihre Begründung an, warum ich es nicht hätte sagen sollen. Am Ende konnte ich nur aussprechen, dass es mir leidtat. Und das tat es wirklich. Und sie konnte nur sagen, dass sie mir vergab. Und das tat sie wirklich. Danach konnten wir wieder nach vorn schauen. Wir sind bis heute gute Freundinnen geblieben.

Ich frage mich, welchen Unterschied es gemacht hätte, wenn Sara einfach gesagt hätte, dass es ihr leidtat. Oder wenn

Hagar gesagt hätte, dass es ihr leidtat. Was wäre anders gelaufen, wenn beide sich die Zeit genommen hätten, in Ruhe über die Sache zu reden und zu erklären, inwiefern jede von ihnen die andere verletzt hatte. Doch das taten sie nicht. Keine der beiden entschuldigte sich. Zwar empfand Sara vielleicht vorübergehend eine gewisse Genugtuung oder sogar Freude, als sie zurückschlug, doch damit setzte sie einen Kreislauf des Schmerzes in ihrer und Hagars Familie in Gang, der sich sogar bis heute weiterdreht. Der heutige Konflikt zwischen dem jüdischen Staat Israel und den angrenzenden arabischen Staaten, der immer wieder zu physischen, emotionalen, politischen und psychologischen Wunden geführt hat, lässt sich bis zu diesem Beginn zurückverfolgen. Das sind vier Jahrtausende und milliardenfache Verletzungen!

Wunden können ansteckend sein. Ähnlich wie lebende Zellen kann eine Wunde sich teilen und vervielfältigen, bis ganze Familien Partei ergreifen, kämpfen, Prozesse führen, nicht mehr miteinander sprechen. Trifft diese Beschreibung auf Ihre Familie zu? Oder auf die Familie Ihres Ehepartners? Wieviel Leid wir einander doch zufügen können! Und aus Familien setzen sich Nationen zusammen, die irgendwann tatsächlich zu den Waffen greifen und Krieg führen können ... worüber? Über Verletzungen! Und über Vergeltungsschläge vergangener Generationen, die weitergereicht wurden, bis die regionalen Konflikte sich nicht mehr friedlich oder diplomatisch lösen ließen, weil die gegnerischen Seiten sich nur noch gegenseitig verletzen wollten.

Es fallen uns sofort weitere Beispiele ein, nicht wahr? Der Konflikt auf dem Balkan; der anhaltende Krisenherd im Nahen Osten; die generationenlangen Feindseligkeiten zwischen Russland und den Nachbarländern, zwischen Iran und Irak, zwischen Japan und China, zwischen den Hutu und den Tutsi in Ruanda, zwischen Sunniten und Schiiten im Islam oder zwischen Afroamerikanern und Angloamerikanern, um nur einige wenige zu nennen – sie alle lassen sich auf Wunden und Verletzungen und ganze Generationen zurückführen, die das Kriegsgeschrei aufgenommen haben. Man kann mit Sicherheit davon ausgehen, dass einige derjenigen, die sich heute bekämpfen, noch nicht einmal wissen, warum sie diese Kämpfe austragen oder wie der Konflikt eigentlich angefangen hat. Sie stecken einfach tief in einem Hass, der aus Schmerzen geboren wurde, lange bevor sie selbst das Licht der Welt erblickten. Dann brachten ihre Eltern, Großeltern, Geschwister, politischen Führer und religiösen Institutionen ihnen bei, die Anderen zu hassen … einfach so.

Könnte der ansteckende Schmerzkreislauf in Ihrem Leben oder im Leben Ihrer Familie oder Gemeinde gestoppt werden, wenn Sie bereit wären, den ersten Schritt zu tun, auf die Anderen zuzugehen, nachzugeben, zu sagen, dass es Ihnen leid tut, oder zumindest mal ein Gespräch über die Ursache der Wunden zu beginnen? Solange Sie das nicht tun, werden Sie nie erfahren, welchen Unterschied Sie dadurch bewirken können.

≈ 4 ≈

Gläubige im Exil

Flucht vor Menschen, die verwunden

Da demütigte Sarai sie, sodass [Hagar] vor ihr floh.
1. Mose 16,6

Eine der schwierigsten Erfahrungen erlebten mein Mann Danny und ich in einer Gemeinde, die er in der Gründungsphase unterstützt hatte. Nachdem er sich vier Jahre lang mit einer Gruppe von Männern getroffen hatte, um kontinuierlich um Gottes Führung und Segen zu beten, schloss er sich ihnen beim Schritt der Gemeindegründung an. Er diente der Gemeinde als Sonntagsschullehrer für die Erwachsenen und als einer der Ältesten. Sobald die Gemeinde etabliert war, führten die Ältesten Vorstellungsgespräche und beriefen dann einen jungen Seminarprofessor namens Steve als leitenden Pastor. Er nahm die Berufung an, und alle waren begeistert. Er hatte eine Leidenschaft für das Wort Gottes, und es lag ihm sehr am Herzen, Menschen durch das Evangelium zur Erlösung zu führen. Seine Predigten waren fundiert, sein Auftreten motivierend und die Gemeinde begann zu wachsen. Etwa drei Monate lang.

Dann hatte Steve einen schlimmen Motorradunfall, der ihn für mehrere Wochen ins Krankenhaus brachte. In dieser Zeit begann eine Tuschelkampagne, angestiftet von Mitgliedern, die Steve nicht für den Pastor hielten, den sie sich für die Gemeinde vorgestellt hatten. Sie nutzten seine Abwesenheit, um Unzufriedenheit zu verbreiten: *Gefallen dir Steves Predigten? Findest du nicht, dass sie etwas schwer verständlich sind?*

Meinst du nicht, dass er den eigentlichen Punkt in Kapitel Soundso übersehen hat?

Als ich mir anhörte, was die Mitglieder redeten und was mein Mann über die Diskussion hinter den verschlossenen Türen der Ältestensitzungen berichtete, wurde mir klar, dass sich eine Bewegung formierte, diesen jungen Pastor aus seiner Position zu verdrängen. Der erstaunliche Grund für die Effektivität der Tuscheleien lag in der Tatsache, dass die Hauptanstifter des Geredes zwei prominente Bibellehrer der Gemeinde waren. Es gelang ihnen, Zweifel und Unzufriedenheit über Steve in den Herzen und Gedanken vieler Mitglieder zu säen, weil diese Menschen ihnen vertrauten und sie liebten.

Es folgten Monate mit vielen abendlichen Ältestensitzungen, die eher einem Scheingericht glichen als einem Austausch zwischen gläubigen Männern, die nach Gottes Willen fragen. Als mein Mann den Forderungen widerstand, Steve aus der Leitung zu entfernen, wurde die Frau eines führenden Ältesten beauftragt, uns zu Hause einen Besuch abzustatten. Sie versuchte unter Tränen, uns davon zu überzeugen, dass Steve nicht der richtige Pastor für die Stelle sei und deshalb abgesetzt werden müsse. Unsere Antwort lautete, dass die Gemeinde Steve berufen hatte und wir deshalb zu ihm stehen würden, solange es keinen moralischen, ethischen oder theologischen Grund gab, ihn zu entlassen. Sie widersprach und wir mussten sie schließlich bitten, unser Haus zu verlassen.

Am Ende war mein Mann war der einzige Älteste, der dem verletzten jungen Pastor fest zur Seite stand, und so wurde Steve zum Rücktritt gezwungen.

Die Menschen, die diese Gemeinde besuchten, waren zwar gute Leute, aber sie wussten nicht, was sich hinter verschlossenen Türen abgespielt hatte. Über Steves Weggang wurde öffentlich verbreitet, dass er auf eigenen Wunsch zurückgetreten sei, um wieder vollzeitig am theologischen Seminar zu lehren. Das Abschiedsessen für ihn ging mit Lobreden und Gebeten einher, und er erhielt eine großzügige Abfindung. Die Vertuschung gelang, weil die Gemeinde keinen Grund hatte, etwas anderes zu glauben. Alle schienen einfach dankbar, dass der Pastor, der nach Einschätzung der Ältesten offenbar nicht Gottes Wahl für diese Gemeinde war, auf eigenen Wunsch wegging.

Als Steve die Gemeinde verließ, taten mein Mann und ich es auch. Ein Jahr lang besuchten wir gar keine Gemeinde. Wieder einmal fanden wir uns draußen wieder. Zum ersten Mal war es uns einige Jahre zuvor so ergangen, als Dannys Leitung durch die applaudierende Gemeinde abgelehnt worden war. Diesmal geschah es, als wir es für notwendig hielten, Steve zu unterstützen und für das einzutreten, was uns fair, ethisch, biblisch und christusgemäß erschien. Ich war nicht verbittert, wütend oder nachtragend. Es tat mir einfach im Herzen weh. Ich schrieb einen Brief an jeden der Gemeindeältesten, um unsere Position zu erklären und um Versöhnung zu bitten. Ich erhielt nie auch nur eine einzige Antwort. Und so beschlossen wir einfach, Abstand zu nehmen. Wir wurden Gläubige im Exil.

Befinden Sie sich auch im Exil? Wurden Sie abgelehnt oder abgewiesen? Beleidigt oder beschimpft? Verraten oder verkauft? Abqualifiziert oder abgespalten? Verlassen oder verklagt? Übergangen oder übersehen? Verwundet! *Durch Gottes Volk!*

Sind Sie deshalb einfach gegangen? Raus aus der Gemeinde, aus jeder christlichen Organisation oder Denomination, aus dieser Beziehung, aus dieser Familie, aus diesem Dienst, aus diesem Job? Sind Sie vor den verletzenden Menschen direkt ins Exil geflohen? Wenn ja, kann ich es verstehen.

Durch unsere eigene Erfahrung als Christen im Exil habe ich ein Gespür für Menschen, die sich in einer ähnlichen Situation wiederfinden. So wurde ich zum Beispiel auf eine begabte

Bibellehrerin aufmerksam, die als Tochter eines Pastors in der Gemeinde aufgewachsen war, aber nun keiner Gemeinde mehr angehört. Die Gemeinde hat sie durch eine kleine Gruppe ersetzt, die sich in Privatwohnungen trifft. Ein anderer Christ im Exil ist ein bekannter christlicher Autor, der nicht mehr regelmäßig eine Gemeinde besucht, sondern von einer christlichen Freundesgruppe zur anderen wechselt. Als ich ihm das Thema meines Buchs nannte, bestärkte er mich in meinem Vorhaben, weil er es für notwendig hielt. Er erklärte, dass auch viele seiner Freunde sich in derselben Situation befanden wie er. Es sind entschiedene Christen, die jedoch durch die organisierte Gemeinde so verletzt wurden, dass sie nicht mehr das Gefühl haben, in ihr zuhause sein zu können. Sie befinden sich im Exil.

Während der Arbeit an diesem Buch besuchte ich meinen Vater. Ich hatte das Abendessen vorbereitet, und nach dem Essen bat er mich wie so oft, für ihn und die anderen im Haus einen geistlichen Impuls weiterzugeben. Ich las einen Abschnitt aus der Bibel vor und lud dann zum Austausch darüber ein.

Eine sympathische junge Frau äußerte einige Kommentare, die mich aufhorchen und nachfragen ließen. „In welche Gemeinde gehen Sie?" Ihre Augen flackerten, und ich wusste, dass ich einen Menschen vor mir hatte, der verwundet worden war. Sie erzählte, dass sie und ihr Mann in ihrer Gemeinde aktiv mitgearbeitet hatten. Sie hatten junge Erwachsene unterrichtet und die Jugendfreizeiten geleitet, waren enge Freunde des Pastors und seiner Frau geworden und hatten zu den leitenden Mitarbeitern gehört. Dann hatte ihr Mann sie plötzlich verlassen. Von heute auf morgen. Beim Erzählen ihrer Geschichte war es nicht die Erinnerung an das Verlassenwerden, das ihr die Tränen in die Augen trieb, sondern die Tatsache, dass keiner aus dem Leitungsteam oder aus der Gemeinde je nach ihr fragte. Niemand rief an, kam vorbei, schickte ihr eine Karte oder erkundigte sich einfach, wie es ihr ging. Nicht ein Einziger.

„Und so gehe ich jetzt in keine Gemeinde mehr", flüsterte sie.

Sie war zu einer Christin im Exil geworden.

Was hat Sie ins Exil getrieben? Wer hat Sie verletzt? War es ein Mitarbeiter, der über Sie geschimpft hat? Eine Verwandte, die sich über Sie lächerlich machte? Ein Ehepartner, der Sie misshandelte? Eine Chefin, die Sie gedemütigt hat? Ein Kind, das sich Ihnen ständig widersetzte? Oder _____ Was würden Sie an dieser Stelle hinzufügen?

Und waren die einzigen Menschen, die Ihnen hätten beistehen können, so eingeschüchtert oder gleichgültig, dass sie einfach die Achseln zuckten und Ihnen den Rücken kehrten, sodass niemand Sie verteidigte – so wie Abraham Hagar nicht verteidigte? Wie haben Sie sich dabei gefühlt?

Kürzlich erzählte mir eine gutaussehende ältere Frau von einer Erfahrung, in der sie hilflos im Stich gelassen wurde. Ärzte hatten ihre Krankheit irrtümlich als Medikamentenabhängigkeit diagnostiziert und sie in eine psychiatrische Station eingewiesen, um sie zu einem Entzug zu zwingen – und das geschah mit der Einwilligung ihres Mannes. Zwei Tage später ließen dieselben Ärzte sie wieder frei, als die tatsächliche Ursache ihrer Erkrankung ermittelt worden war. Es handelte sich nicht um eine Medikamentenabhängigkeit. Als sie die traumatische Erfahrung der Fehldiagnose und der Einweisung gegen ihren Willen schilderte, fügte sie mit gebrochener Stimme hinzu: „Und mein Mann stand einfach da und ließ es zu."

Wurden Sie verwundet, während jemand, der hätte eingreifen können, einfach dastand und es nicht verhinderte? Hat eines Ihrer Geschwister sich bei einem Elternteil eingeschlichen und Sie um Ihr Erbe gebracht, während der andere

Elternteil es einfach zuließ, um der Konfrontation auszuweichen? Hat jemand aus dem Leitungsteam Ihrer Gemeinde Sie aus Ihrer ehrenamtlichen Tätigkeit gedrängt, während der leitende Pastor nur erklärte, er könne sich nicht über die Zuständigkeiten in der Gemeinde hinwegsetzen? Hat ein Kollege die Anerkennung für Ihr Projekt an sich gerissen, während Ihr Abteilungsleiter dazu schwieg, um eine Diskussion zu vermeiden? Hat Ihr früherer Ehepartner Sie beschimpft, während Ihr jetziger Ehepartner einfach behauptete, er könne sich da nicht einmischen? Das tut weh, nicht wahr?

Als unser geliebter einziger Sohn das Trauma und den Schmerz einer Scheidung durchmachte, war er in manchen Momenten emotional so dünnhäutig, dass er explodierte. Er war tief verletzt und schlug in seinem Schmerz um sich. In einer dieser Situationen schallten seine wütenden Worte, die primär auf mich zielten, durch das ganze Haus. Mein Mann, sein Vater, bekam die Explosion mit, blieb aber die ganze Zeit schweigend sitzen. Dann stand er auf und verließ den Raum. In diesem Moment hatte ich niemanden, der mich unterstützte, verteidigte oder schützte. Und das tat weh.

Alle Eltern erleben solche Momente, in denen der andere Elternteil nichts unternimmt, sodass man mit der Situation allein gelassen wird; aber es tut trotzdem weh, nicht wahr? Mir blieb nichts übrig, als bei Gott Hilfe zu suchen.

Wenn ich an so manche Situation zurückdenke, in der ich misshandelt oder im Stich gelassen wurde, muss ich zugeben, dass ich nicht immer zuerst gebetet habe. Meine Reaktionen erstreckten sich fast über das gesamte Spektrum. Ich habe gebetet, aber auch geweint. Ich habe versucht, zurückzuschlagen. Ich habe das „Schwert" meiner Zunge gewetzt und mit Worten so kräftig ausgeteilt, wie ich getroffen worden war.

Ich bin stumm geblieben. Ich habe sanft gesprochen. Ich habe mich energisch selbst verteidigt. Ich habe mich sofort entschuldigt. Und es gab Zeiten, in denen ich so gut wie möglich versuchte, mich der Situation zu entziehen und die andere Person in Zukunft zu meiden, was eine Form der Flucht darstellte. Wie haben Sie auf Ihre Verletzung reagiert? Manchmal scheint eine Flucht das einzige Mittel zu sein, um uns selbst zu schützen.

Hagar reagierte auf ihre Verletzung, indem sie weglief. Als Abraham Sara erlaubte, mit ihrer Dienerin zu tun, was ihr beliebte, und sich dann scheinbar gleichgültig zurückzog, muss Hagar sich gefühlt haben, als hätte man ihr einen Dolch ins Herz gestoßen. Es überrascht nicht, dass sie die Flucht ergriff.

Hagar zeigte auch eine Reaktion, die ihr sicher wie eine Form der Selbstverteidigung vorkam – eine große Dosis Selbstmitleid. Sie muss sich selbst als Opfer betrachtet haben, als eine Sklavin, die gezwungenermaßen tun musste, was Abraham und Sara ihr befahlen. Als Abraham sie in Saras Hand gab, muss Hagar gedacht haben: *Ich werde nicht einfach dasitzen und das hinnehmen. Die Heiden in Ägypten haben mich besser behandelt als diese sogenannten „gottesfürchtigen" Leute. Ich werde einfach nach Ägypten zurückgehen.* Und so lief Hagar, das ungeborene Kind Abrahams in sich tragend, einfach fort. Doch als sie vor dem Schmerz und der Demütigung weglief, verließ sie auch das Volk Gottes, die Gegenwart Gottes und die Verheißungen Gottes. Und ich frage mich ..., lief sie auch vor Gott selbst fort? Denn wenn Sara auch nur im Geringsten widerspiegelte, wie er war, dann wäre nur zu verständlich gewesen, wenn Hagar beschlossen hätte, dass sie nichts mit ihm zu tun haben wollte.

Machen Sie nicht denselben Fehler wie Hagar, ganz gleich, wie die Umstände Ihrer Verwundung gewesen sein mögen. Geben Sie Gott nicht die Schuld für das Verhalten der Menschen, die Sie verletzt haben. Ich verstehe das verzweifelte Bedürfnis, vor *ihnen* wegzulaufen, aber doch nicht vor *ihm*. Es zögert nur den Moment hinaus, an dem Sie sich mit der Sache oder Person auseinandersetzen müssen, vor der Sie weglaufen.

So tragisch kontraproduktiv es ist, scheinen viele verwundete Menschen dem Entschluss Hagars zu folgen, ins Exil zu fliehen. Kürzlich las ich einen Artikel über die erfolgreiche Romanautorin Anne Rice.[54] Frau Rice war durch ein vieldiskutiertes Gespräch zum Glauben gekommen, das sie in ihrem Buch *Called Out of Darkness: A Spiritual Confession* geschildert hatte. Der Artikel enthielt folgendes Zitat von der Facebook-Seite der Autorin:

Für diejenigen, denen es etwas bedeutet, und ich verstehe, wenn das für Sie nicht gilt: Heute höre ich auf, Christin zu sein. Ich bin raus. Ich bleibe Christus ergeben, wie ich es immer war, aber nicht als „Christin" oder als Teil des Christentums ... Es ist mir einfach unmöglich, dieser streitsüchtigen, feindseligen, ständig diskutierenden und zu Recht berüchtigten Gruppe „anzugehören". Zehn Jahre lang habe ich es versucht. Es ist mir nicht gelungen. Ich bin eine Außenseiterin. Mein Gewissen lässt mir keine Wahl.

Wenn Anne Rices Worte schon mir das Herz zerreißen, und das tun sie, kann ich nur ahnen, wie sehr ihre Worte und ihre Entscheidung den Gott Hagars betrüben müssen. Ich bete von Herzen, dass Gott Frau Rice im Exil begegnet. Dort fand er auch Hagar. Gott sorgte sich um Hagar, und er sorgt sich auch um Frau Rice. Gott ist um die Menschen besorgt, die vor dem Schmerz weglaufen. Die vor dem Problem weglaufen. Die von Gottes Volk weglaufen. Die von den verletzenden Menschen weglaufen. Und, ja, Gott sorgt sich auch um Sie. Selbst wenn Sie gerade vor ihm weglaufen.

≈ 5 ≈

Gott achtet auf Sie

Sie können ihm nicht davonlaufen

Aber der Engel des HERRN fand sie bei einer Wasserquelle in der Wüste, nämlich bei der Quelle am Wege nach Schur. Der sprach zu ihr: Hagar ...

1. Mose 16,7-8

Im vorangegangenen Kapitel habe ich die Gemeindesituation beschrieben, die meinen Mann und mich ins Exil brachte. Doch lassen Sie mich erzählen, wie die Geschichte weiterging, denn obwohl wir von der Gemeinde „wegliefen", konnten wir Gott nicht davonlaufen.

Noch an demselben Tag, an dem mein Mann und ich die Gemeinde verließen, klingelte das Telefon. Ein junger Pastor namens Marc rief aus einem fernen Bundesstaat an. Er war ein Freund unserer Kinder aus der Zeit, als sie gemeinsam das College besuchten, hatte uns oft zuhause besucht und war auch unser Freund geworden. Wir hatten seit Jahren nichts mehr von ihm gehört, und so war sein Anruf eine schöne Überraschung. Nachdem wir Neuigkeiten ausgetauscht hatten, teilte Marc Danny den Grund seines Anrufs mit. Er wollte uns von einem guten Freund namens Scott erzählen, der ein Praktikum in derselben großen Gemeinde absolviert hatte, in der Marc einer der Pastoren war.

Er beschrieb Scott als begabten Prediger, der ein Herz für Evangelisation hatte und in unserer Gegend eine Gemeinde gründen wollte. Marc, der nichts von unserer Gemeindesituation wusste, fragte Danny dann, ob er bereit wäre, Scott mit den Menschen unserer Stadt bekannt zu machen. Sehr zu meinem Unbehagen stimmte Danny zu.

Nachdem er vierzig Jahre lang als Zahnarzt in unserer Stadt gearbeitet hatte und fünfundvierzig Jahre lang in mehreren großen gemeindeübergreifenden Organisationen tätig gewesen war, kannte mein Mann so ziemlich alle einflussreichen Christen in unserer Gegend. Deshalb freute es mich zwar, dass er dem jungen Pastor Türen öffnen und ihn mit einigen Schlüsselpersonen in Kontakt bringen konnte, aber ich selbst wollte nichts damit zu tun haben. Das Letzte, was ich wollte, war, bei einer weiteren Gemeindegründung mitzuhelfen, und so hielt ich Abstand zu Scott.

Doch je mehr Zeit Danny mit Scott verbrachte, und je mehr er Scotts Herz und seine Vision kennenlernte, desto mehr wuchs seine Begeisterung, ihm bei der Gemeindegründung zu helfen – und desto skeptischer wurde ich. Irgendwann empfand ich, dass mir nichts anderes übrigblieb, und erklärte mich einverstanden, Scott, seine Frau und ihre neugeborene Tochter kennenzulernen; doch ich tat es in der klaren Absicht, den Enthusiasmus meines Mannes zu entkräften. Beim Mittagessen stellte ich Scott einige ganz gezielte Fragen: Wie war seine Bekehrung geschehen? Wann hatte er zuletzt einen Menschen persönlich zum Glauben an Jesus Christus geführt? Warum wollte er in unserer Gegend eine Gemeinde gründen? Was wollte er damit in einer Region erreichen, an der es an jeder Straßenecke schon eine Gemeinde gab? Was sollte das Besondere an der Gemeinde sein, die er gründen wollte?

Scott antwortete bescheiden, mutig, zuversichtlich und mit einer klaren Vision und Absicht – und je mehr er redete, desto mehr spürte ich Gottes Hand auf seinem Leben. Am Ende dieses ersten Gesprächs wurden mir die Augen für etwas geöffnet, das Gott offenbar tun wollte, und mein Widerstand schmolz. Ich stimmte mit Danny überein, dass wir alles tun würden, was wir konnten, um Scott zu helfen. Auf den Tag genau ein Jahr, nachdem wir ins Exil gegangen waren, kehrten Danny und ich zurück. Wir kamen zurück in die Gemeinschaft derer, die zwar nicht vollkommen sind, sich aber von Herzen dafür einsetzen, dass Menschen zu einer lebensverändernden Beziehung mit Jesus finden. Weil Gott um uns besorgt war, holte er uns aus dem Exil.

Obwohl Hagar nichts davon ahnte, war Gott auch um sie besorgt, als sie vor den Menschen weglief, die sie verletzt hatten. Ich stelle mir vor, wie einsam, verwirrt, ängstlich und wütend sie sich wohl fühlte, als sie nur mit Sandalen an den Füßen durch das raue, felsige Land lief, das sich in einer endlosen Wüste verlor. Ich vermute, dass sie in Gedanken immer und immer wieder die Szene zwischen ihr und Sara durchspielte: *Für wen hältst du eigentlich? Dein Name bedeutet vielleicht „Prinzessin", aber du bist nichts als eine verbitterte, unfruchtbare alte Frau. Ich habe mit deinem Mann geschlafen, aber denkst du, ich hätte es auch nur einen Moment lang genossen? Ich habe nur meine Pflicht getan. Nun trage ich sein Kind in mir, und das ist mehr, als du je von dir behaupten kannst. Und komm bloß nicht auf die Idee, mir zu folgen, denn ich werde immer weiterlaufen, bis ich so weit weg bin, dass du mich nie finden wirst. Und der alte Mann wird sein Baby nie zu sehen bekommen.*

Ein Grund für meine Vermutung, dass Hagar sich in Gedanken mit Sara auseinandersetzte, ist meine eigene Erfahrung. Oft gehe ich immer wieder imaginäre Gespräche mit den Personen durch, die mich verletzt haben, wobei ich meine Worte wie Messer an einem Flintstein wetze, bis sie nicht nur scharf sind, sondern mir brillant erscheinen. Doch je schärfer meine Worte werden, desto mehr merke ich, dass ich natürlich immer wütender werde und mein Selbstmitleid oder meine Rachegedanken mir immer berechtigter erscheinen. Ich würde diese Worte zwar nie aussprechen, aber sie zerstören meinen inneren Frieden, weil meine Gedanken ständig um „sie" kreisen und um das, was sie mir angetan haben.

Statt imaginäre Selbstgespräche zu führen, wäre es weit besser, im Gebet mein Herz Gott auszuschütten. Doch ich habe festgestellt, dass ich zwar über einen endlosen Vorrat an wütenden Worten für ein einseitiges Gespräch verfüge, aber im Gebet mühsam nach Worten suchen muss. Wenn ich in diesen Momenten um Worte verlegen bin, greife ich oft auf Davids Gebete in den Psalmen zurück und nutze sie für meine eigenen Gebete. Zum Beispiel:

> Herr, höre mich, wenn ich bete,
>   vernimm meine Klage!
> Höre meinen Hilferuf,
>   mein König und mein Gott,
>   denn ich bete zu dir.
> Höre meine Stimme am Morgen, Herr.
>   Früh am Morgen trage ich dir meine Bitten vor
>   und warte voll Ungeduld …
> Deshalb können die Hochmütigen nicht vor dir bestehen,
>   denn du hasst alle, die Böses tun.
> Du wirst die Lügner vernichten …
> Führe mich den rechten Weg, Herr,
>   damit mich meine Feinde nicht überwältigen.
>   Zeige mir, welchen Weg ich gehen soll.
> Denn meine Feinde sprechen kein wahres Wort …
>   Lass sie durch ihre eigenen Pläne zu Fall kommen …
> Doch die bei dir Zuflucht suchen, sollen sich freuen,
>   sie sollen Loblieder singen in alle Ewigkeit.
> Du beschützt sie,
>   darum dürfen sich alle freuen, die deinen Namen lieben.
> Denn du segnest den Gottesfürchtigen, Herr,
>   und umgibst ihn schützend mit deiner Güte.[55]

Mit Davids Ehrlichkeit in seinen Gebeten kann ich etwas anfangen. Oft beginnt er sein Gebet, indem er klagt, aufschreit oder Zorn über seine Feinde äußert; doch immer beendet er sein Gebet mit einem Lob auf Gott. Man kann fast genau den Punkt identifizieren, an dem seine Blickrichtung von „ihnen" zu „ihm" wechselt.

Ich weiß aus eigener Erfahrung, was David wusste: Gebet kann dabei helfen, Wunden zu heilen. Es kann den Stachel beseitigen. Ein Grund dafür ist, dass Beten dazu beiträgt, die eigenen Wunden in die richtige Perspektive zu rücken. Wenn ich mich auf Gott konzentriere und mir bewusst mache, wer er ist, kommen mir die verletzenden Menschen nicht mehr so beängstigend vor, und meine Verletzung wird irgendwie geringer. Darf ich Sie also ermutigen? Treten Sie bei gedanklichen Auseinandersetzungen mit verletzenden Menschen auf die Bremse. Denn wenn diese scharfen Worte ungezügelt Ihren Heilungsweg übersäen dürfen, wird Ihr wundes Herz und Ihr verletztes Leben auf der Strecke bleiben. Zumindest werden Sie dadurch die Heilung, die Gott Ihnen geben möchte, hinauszögern oder vielleicht sogar verfehlen. Und auch wenn der Schaden vielleicht für andere Menschen nicht so schnell sichtbar wird, werden Sie den Segen und die Absicht verpassen, die Gott für Sie hat.

Vielleicht führen Sie keine imaginären Gespräche – keine einseitigen, gedanklichen Auseinandersetzungen mit den Menschen, die Ihnen Wunden zugefügt haben. Vielleicht führen Sie vielmehr *wirkliche* Gespräche – doch mit anderen Personen als denen, durch die Sie verletzt wurden. Vielleicht haben Sie unwillkürlich den Kontakt zu Menschen gesucht, die selbst verletzt wurden. Indem Sie vor mitfühlenden Ohren immer wieder Ihre Wunden offenlegen, fühlen Sie sich mit der Zeit nicht nur unterstützt und ermutigt, sondern halten irgendwann auch Ihre Herzenshärte für berechtigt. Es ist, als wäre Ihre negative Entwicklung zu einem verbitterten, zornigen Menschen nicht nur etwas, das Sie der anderen Person vorwerfen können, sondern auch ein Mittel der Rache. Andere sollen wissen, wie schlimm diese Person sich verhalten hat, indem sie sehen, wie niedergeschlagen Sie sind. Es erinnert mich an ein altes Sprichwort: „Bitterkeit heißt, Gift zu trinken, um dem anderen zu schaden."

Wen haben Sie eingeladen, mit Ihnen „das Gift zu trinken"? Wie lang ist die Gästeliste Ihrer Mitleidsparty? Sammeln Sie Zuhörer, die sich Ihre zornigen Beschwerden anhören, Ihre hitzigen Tränen sehen und mit derselben Entrüstung reagieren, die Sie gegen den Übeltäter empfinden? Leider führen Mitleidspartys nie zu echtem Nutzen oder wahrem Segen; sie vergrößern, vertiefen und verstärken die Wunde nur, indem sie sie ständig wieder aufreißen. Zumindest werden solche Diskussionen nur dazu führen, dass Sie sich weiter auf Ihre Wunden konzentrieren, statt auf den Gott, der Sie heilt.

Hagar konzentrierte sich definitiv nicht auf den Gott, der sie heilen konnte. Sie lief weg. Und sie lief auf dem „Weg nach Schur".[56] Das war der Weg nach Ägypten. Hagar ging zurück. Wieder nach Hause zu ihrer Mutter. Zurück zu den ihr vertrauten Heiden in Ägypten. Zurück in ihre frühere Heimat. Sie erinnert mich an den Apostel Petrus, der zu seinem alten Leben als Fischer zurückkehrte, nachdem er als Jünger kläglich versagt hatte, indem er seinen Herrn verleugnete.[57]

Wenn wir bei dem Versuch scheitern, das Richtige zu tun, richtig zu leben, die richtigen Worte zu sagen, die richtige Person zu sein oder zur richtigen Gruppe zu passen, wollen wir oft nur noch aufgeben und sagen: „Das kann ich nicht. Ich kehre zu dem Leben zurück, das ich von früher kenne." Die Vertrautheit einer früheren Lebensweise, ehemaliger Freunde oder früherer Gewohnheiten kann uns angenehm erscheinen, wenn wir gerade durch Gottes Volk abgelehnt oder verletzt wurden.

Die „Welt" Ägyptens erscheint uns sicherer als die „Gemeinde" des Zeltlagers von Abraham. Doch indem wir zurückgehen, wird unser Leid nur noch größer, nicht wahr?

Wir können nicht zurückgehen. Nicht wirklich. Denn wir erinnern uns daran, wie es war, in Gottes Gegenwart zu sein, zu seiner Familie zu gehören und eine höhere Berufung zu haben, als nur für uns selbst zu leben. Wir stecken in einer Zwickmühle. Eigentlich wollen wir gar nicht zu unserem früheren Leben zurückkehren, aber wir haben auch nicht das Gefühl, zu Gottes Volk zu passen. Und deshalb muss Gott selbst eingreifen.

Genau in diesem elenden Moment auf dem Weg nach Schur, als Hagar nicht nur weglief, sondern zurücklief, griff Gott ein und vermittelte ihr eine tiefe Einsicht für ihr Leben: *Selbst wenn man vor den verletzenden Menschen wegläuft, kann man Gott nicht davonlaufen.*

Bestimmt pochte ihr das Herz bis zum Hals, während sie lief, und sie atmete nur flach und stoßweise, sei es aus physischer Erschöpfung oder weil sie in Panik geriet, als „der Engel des HERRN ... sie bei einer Wasserquelle in der Wüste [fand]".[58]

Gott tauchte auf! Hagar war doch nicht allein. Er war da. An Ort und Stelle. Weil Gott sich kümmert. Er kam als „Engel des Herrn" zu ihr – eine geheimnisvolle Beschreibung für sein plötzliches, unerwartetes Auftreten scheinbar aus dem Nichts, wie es manchmal im Alten Testament geschah. Gott wird als Engel des Herrn beschrieben, als er am Fluss Jabbok mit Jakob rang und ihn sowohl gesegnet als auch hinkend zurückließ.[59] Ähnlich wird er beschrieben, als er Josua vor Jericho begegnete und ihn aufforderte, die Schuhe auszuziehen, weil er auf heiligem Boden stand, um ihm dann mitzuteilen, wie er die feindliche Festung erobern sollte.[60] So erschien er auch Gideon, als dieser sich in der Kelter vor den Midianitern versteckte, und er ernannte ihn zum Befreier seines Volkes.[61] Immer wieder erscheint diese geheimnisvolle Gestalt in der Geschichte Israels. Gelehrte stimmen überein, dass der Engel des Herrn eine „Theophanie" ist, eine Erscheinung des Sohnes Gottes vor der Inkarnation. Erstaunlicherweise handelt es sich um Jesus vor Bethlehem! Wer kann die außerordentliche Gnade Gottes ermessen, die sich darin zeigt, dass wir dem unsichtbaren Sohn Gottes zum ersten Mal ausgerechnet hier begegnen, an der Quelle am Weg nach Schur, wo er sich …

> einer Frau offenbarte, nicht einem Mann;
> einer Dienerin, nicht einem Krieger;
> einer Ägypterin, nicht einer Nachfahrin Abrahams;
> einer Sünderin, nicht einer Heiligen;
> einer Sklavin, nicht einem König;
> einer Außenseiterin, nicht einem Insider.

Was für ein unverdientes, leidenschaftliches Eingreifen des Schöpfers allen Lebens für eine einzige verwundete Frau. Er suchte gezielt nach ihr und fand sie – während sie weglief!

Warum? Warum ging Gott Hagar nach? Warum ließ er sie nicht einfach weglaufen, in der Wüste sterben, eine Fehlgeburt erleiden oder nach Ägypten zurückkehren, wo man nie wieder etwas von ihr gehört hätte? Hagar aus dem Spiel zu lassen hätte in Abrahams Familie eine Menge Probleme gelöst. Warum also gab Gott sie nicht einfach auf, wie Abraham es getan hatte?

Die unfassbar wunderbare, erstaunliche Antwort lautet, dass Gott Hagar liebte! Gott spürte ihren Schmerz, obwohl sie diesen durch ihre eigene Arroganz provoziert hatte. Er sorgte sich so sehr um die Wunden, die einer schwangeren, ägyptischen Dienerin zugefügt worden waren, dass er seinen Thron im Himmel verließ und ihr bis in die Wüste nachging. Während Gott Abraham als den einen Stammvater erwählte, durch den er die Welt segnen würde, repräsentierte Hagar die Welt, die er segnen wollte.

Gott liebte Hagar genauso, wie er Abraham liebte!

Das ist eine Wahrheit, die man sich in Herz und Sinn schreiben sollte, besonders in einer Welt, die manchmal denkt, Gott würde ...

> Juden mehr lieben als Muslime,
> Weiße mehr als Schwarze,
> Gemeindemitglieder mehr als Kirchenferne,
> Insider mehr als Außenseiter,
> Männer mehr als Frauen,
> reiche Leute mehr als arme,
> Erwachsene mehr als Kinder,
> Gläubige mehr als Atheisten,
> so als wären *wir* ihm wichtiger als *die anderen*.

Gott sorgt sich um jeden von uns und um uns alle – Punkt! Und weil er Sie wirklich liebt – er ist wirklich um Sie besorgt –, können Sie und ich zwar weglaufen, aber wir können ihm nicht *davonlaufen*.

Als Hagar sich bückte, um erfrischendes Wasser aus der Quelle zu schöpfen, hörte sie ein Geräusch. Vielleicht dauerte es einige Augenblicke, bis ihr rasendes Herz sich beruhigte und sie ihre sich überschlagenden Gedanken sammeln konnte, um wirklich zuhören zu können. Der Klang muss herrlicher gewesen sein als gluckerndes Wasser, klarer als das Lied eines Singvogels, sanfter als der Wüstenwind, zärtlicher als die Stimme ihrer Mutter.

Als sie in die Richtung blickte, aus der das Geräusch kam, blinzelten ihre Augen sicher vor dem gleißend-hellen Licht der Sonne, während sie durch ihre Tränen hindurch zu erkennen versuchte, wer da zu ihr sprach. Dann sah sie ihn. Eine geheimnisvolle Gestalt, die sie mit einer Barmherzigkeit anschaute, die bis vor die Grundlegung der Welt zurückreichte, sich den ganzen Weg bis an das Kreuz erstreckte, bis hinauf in den Himmel reichte und bis zu ihr herabkam – gerade da – auf der Wüstenstraße, die nach Ägypten führte.

Er sprach zu ihr und nannte sie beim Namen. *Hagar …*

Und die entlaufene verwundete kleine Dienstmagd – das staubige Gesicht tränenverschmiert, das Herz noch bis zum Hals klopfend, mit kurzen Atemzügen nach Luft japsend – begegnete dem Einen, der die Weglaufenden sieht und ihnen nachgeht. Sie begegnete dem erstaunlichen Gott, den David anbetete und zu dem David betete:

> Wohin soll ich gehen vor deinem Geist,
>   und wohin soll ich fliehen vor deinem Angesicht?
> Führe ich gen Himmel, so bist du da;
>   bettete ich mich bei den Toten, siehe,
>   so bist du auch da.
> Nähme ich Flügel der Morgenröte
>   und bliebe am äußersten Meer,
> so würde auch dort deine Hand mich führen
>   und deine Rechte mich halten.[62]

Wo immer Sie auch sein mögen und wer immer Sie sind: Davids Gott – der Gott Hagars – ist genau da bei Ihnen. Wenn Sie Ihren rasenden Herzschlag stillen, Ihre rastlosen Gedanken zur Ruhe bringen, Ihre imaginären Gespräche einstellen und mit den Ohren Ihres Geistes aufmerksam zuhören können, werden Sie anfangen, seine Stimme zu hören. Ich glaube, ich kann ihn jetzt gerade hören, wie er Sie beim Namen ruft …

～6～

Geistlich blinde Flecken

Sie übersehen das, was offensichtlich ist

Der sprach zu ihr: Hagar, Sarais Magd, wo kommst du her und wo willst du hin?

Sie sprach: Ich bin von Sarai, meiner Herrin, geflohen.

Und der Engel des HERRN sprach zu ihr: Kehre wieder um zu deiner Herrin und demütige dich unter ihre Hand. Und der Engel des HERRN sprach zu ihr: Ich will deine Nachkommen so mehren, dass sie der großen Menge wegen nicht gezählt werden können.

Und sie nannte den Namen des HERRN, der mit ihr redete: Du bist ein Gott, der mich sieht. Denn sie sprach: Gewiss hab ich hier hinter dem hergesehen, der mich angesehen hat. Darum nannte man den Brunnen: Brunnen des Lebendigen, der mich sieht. Er liegt zwischen Kadesch und Bered.

Und Hagar gebar Abram einen Sohn, und Abram nannte den Sohn, den ihm Hagar gebar, Ismael. Und Abram war sechsundachtzig Jahre alt, als ihm Hagar den Ismael gebar.
1. Mose 16,8-10.13-16

Meine Eltern litten beide an einer Makula-Degeneration, eine Erkrankung, die einen blinden Fleck hervorruft und so das Sichtfeld beeinträchtigt. Meine Mutter schaute mich oft mit ihrem typischen Augenzwinkern an und rief aus: „Anne, ich kann dein Gesicht nicht sehen. Alles, was ich sehe, ist ein blanker, von Haaren umsäumter Fleck." Am Ende konnte sie nicht einmal mehr meine Haare sehen! Und trotz der neuesten medizinischen Behandlungsmethoden – darunter wiederholte Injektionen direkt ins Auge, verlor mein Vater die Fähigkeit, den Blick zu fokussieren. Irgendwann konnte er seine Bibel und die Tageszeitung, die immer noch geliefert wurde, nicht mehr lesen.

Seine großartigen Mitarbeiter improvisierten und stellten immer einen großen Flachbild-Fernseher einen Meter vor seinem Sitzplatz auf, doch er konnte das Bild trotzdem kaum erkennen. Wenn ich zu Besuch war, machte es mir Freude, mit ihm Fernsehen zu schauen und ihm die Bilder zu beschreiben. Oder ihm die Schlagzeilen aus der Zeitung vorzulesen, zu kommentieren, was ich las, und ihn nach seiner Meinung zu fragen. Ich kann nur ahnen, wie schwer es für meinen Vater war, mit seinem immer noch wachen und aktiven Verstand solche blinden Flecken zu haben, die ihm eine klare Sicht verwehrten.

Da ich die Auswirkungen dieser Erkrankung so gut kenne, betrachte ich sie als eine perfekte Metapher für Hagars geistlichen Zustand, als sie vor Abraham und Sara floh. Sie litt an einem eigenen blinden Fleck, einer gewissen Degeneration ihrer geistlichen Makula. Es gab manche Dinge, die sie einfach nicht klar sehen konnte. Deshalb stellte der Engel des Herrn ihr behutsame Fragen. Nicht, um Auskunft zu erhalten, denn er wusste schon, was geschehen war. Er stellte Hagar diese Fragen zu ihrem eigenen Nutzen, um ihr zu helfen, den Blick zu fokussieren. Er wollte, dass Hagar die Dinge mit ihm durchsprach, denn sie sah sich vermutlich nur als ein Opfer, ohne jede Verantwortung für das, was geschehen war. Ihre schlimme Lage war in ihren Augen die Schuld anderer. Vermutlich fokussierte sie ihre Bitterkeit ganz auf *sie* – auf die Angehörigen des Volkes Gottes, die ihr Unrecht getan hatten – und war blind für ihr eigenes Unrecht.

Behutsam sprach der Engel des Herrn ihre Blindheit an: „Hagar, Sarais Magd, wo kommst du her und wo willst du hin?"[63] Wenn ich zwischen den Zeilen lese, kann ich mir eine ganze Reihe weiterer Fragen vorstellen: *„Hagar, wollen wir uns mal einen Augenblick darüber unterhalten, was du gerade tust und wo du hingehörst? Du bist Saras Magd, denkst du nicht, dass du bei ihr sein solltest? Bist du sicher, dass du diesen Weg hier gehen willst und dass es das ist, was du mit deinem Leben anfangen willst? Ist das wirklich weise? Wirst du glücklich werden, wenn du diese Richtung einschlägst? Hagar, ich weiß, dass du von Menschen, die sich nach meinem Namen nennen, tief verletzt wurdest. Du lehnst sie ab. Lehnst du auch mich ab? Lass uns doch alles einmal gründlich durchdenken. Gemeinsam."*

Wenn wir verwundet sind, müssen auch Sie und ich alles sehr gründlich durchdenken. Könnte die Verletzung, die wir erfahren haben, eine Reaktion auf Verletzungen sein, die wir verursacht haben? Es wäre segensreich, die Dinge mit Gott durchzusprechen, denn wenn Sie so sind wie ich, entwickeln wir leicht eine geistliche Makula-Degeneration. Wenn ich verletzt bin, ist es viel leichter, mich auf die Fehler anderer zu fokussieren. Es scheint eine geradezu instinktive Reaktion auf eine Verletzung und ein bequemer Verteidigungsmechanismus zu sein: *Ich war's nicht; sie waren es! Und selbst wenn ich es gewesen sein sollte, war mein Verhalten längst nicht so verletzend wie das, was sie mir angetan haben. Also lag es doch an ihnen!*

Wie Hagar brauchen wir Hilfe, um uns selbst in den Blick zu nehmen. Deshalb habe ich die Fragen, mit denen der Engel des Herrn ihr Herz prüfte, so umformuliert, dass sie für uns relevanter und persönlicher sind. Denken Sie im Gebet darüber nach, wie Sie jede dieser Fragen beantworten …

- Wo stehst du auf deinem Weg der Heilung?

- Erinnerst du dich, wie dein Leben war, bevor du verletzt wurdest?

- Wie bist du an diesen Punkt gekommen?

- Wie kann deine heutige Reaktion in der Zukunft für dich eine Hilfe sein?

- Soll dein Leben davon geprägt sein, dass du dich ständig auf „sie" konzentrierst, während du für deine eigenen Schwächen – Arroganz, Zorn, Groll, Schuldzuweisungen, nachtragende Sticheleien, Rachepläne oder gehässiges Gerede, das du als Gebetsanliegen verschleierst – blind bist?

- Haben diese Verhaltensweisen den gewünschten Erfolg, dich glücklich zu machen?

- Vermitteln Sie dir vorübergehend ein Gefühl der Genugtuung, das aber rasch verflogen ist und den Wunsch nach Vergeltung nur noch verstärkt?

- Wofür lebst du? Wirst du, statt ein Leben zur Ehre Gottes zu führen, von dem Wunsch getrieben, dich zu revanchieren, deine Reaktionen zu entschuldigen, zu beweisen, dass eine andere Person im Unrecht ist, deine Meinung zu rechtfertigen, die andere Person bloßzustellen, dich durchzusetzen?

- Prüfe einmal sorgfältig: Kann irgendeine dieser Einstellungen wirklich Gott ehren?

- Wann hast du zum letzten Mal beim Einschlafen den wohltuenden Frieden und die wunderbare Freude Gottes erlebt, die dein Herz überströmen? Wenn du dich gar nicht mehr daran erinnern kannst, könnte es an der Zeit sein, deine Aufmerksamkeit darauf zu lenken, welchen Anteil du selbst an der Verletzung hattest?

Einige dieser Fragen tun weh. Das weiß ich, weil ich sie mir zuerst selbst beantwortet habe, bevor ich sie Ihnen vorlege. Manchmal kommt es uns weniger unangenehm vor, die Augen geschlossen zu halten, wenn das Licht der Wahrheit unseren blinden Fleck offenbart, statt die Augen zu öffnen und das Licht bis in die tiefsten Winkel unseres Herzens leuchten zu lassen, die wir selten aufsuchen.

Hagar öffnete ihre Augen nicht. Ihre Antwort auf die Frage des Herrn war zwar ehrlich, offenbarte aber, dass sie immer noch den falschen Fokus hatte. Ihre Aufmerksamkeit richtete sie eher auf Sara, als auf sich selbst: „Ich bin von Sarai, meiner Herrin, geflohen."[64] Ich kann die unausgesprochenen Zwischentöne ihrer Antwort fast hören: *Es ist nicht meine Schuld. Sara hat mich dazu gebracht. Sie ist gemein.*

Sie ignorierte ihre eigene Sünde der Arroganz, aber ich frage mich, ob Hagars Leben innerlich an ihr vorbeizog, während sie sich ganz dem Selbstmitleid überließ. Platzten sämtliche alten Wunden in ihrem Herzen wie Eiterbeulen wieder auf? Hatte sie vor Augen, wie der Pharao sie Abraham und Sara zum Besitz gab; wie ängstlich und allein sie sich in der Abgeschiedenheit Kanaans gefühlt hatte; wie sie erfolglos versucht hatte, es Sara recht zu machen und sich an ihr neues Leben anzupassen; wie ungerecht es war, dass sie nie selbst heiraten und Kinder bekommen würde; wie ihr die Unschuld geraubt wurde, als Sara ihr befahl, mit Abraham zu schlafen; wie surreal es war, festzustellen, dass sie Abrahams ersehnten Erben in sich trug; wie sie Sara verachtet und sich dagegen aufgelehnt hatte, dass ihre Herrin sie als unverheiratete Frau zur Mutterschaft zwang; wie Abraham, nachdem er sie geschwängert hatte, ihr gegenüber so gleichgültig sein konnte und wegschaute, wenn Sara sie misshandelte; wie Sara ihr jedes Vorrecht genommen, sie geschlagen und sie in das Zelt der Dienerinnen verbannt hatte.

Ich bin sicher, dass ihre Sicht sich zusehends trübte, je länger sie über alles nachdachte. Durch die lebhafte Erinnerung an das, was Sara ihr angetan hatte, blieb Hagar blind für das, was sie Sara angetan hatte.

Sind Ihre geistlichen Augen auch fest zusammengekniffen, während Sie immer wieder an die verletzenden Verhaltensweisen zurückdenken, durch die Sie verwundet wurden? Die Erinnerung an eine einzelne Verletzung – eine überhöhte Erwartung oder eine stechende Bemerkung, eine ungerechte Entscheidung oder eine unsinnige Forderung, eine Ungerechtigkeit oder eine Beleidigung, eine Wunde oder ein Unrecht – kann in unseren Gedanken eine weitere Verletzung nach der anderen aufsteigen lassen, bis wir in einem hässlichen Sumpf von Ärgernissen steckenbleiben, der unsere Herzen verhärtet, unseren Geist verbittert und uns blind macht für das, was eigentlich offensichtlich ist – unsere eigenen Fehler und Sünden.

Es ist interessant und traurig zugleich, darüber nachzudenken, wie leicht Sie und ich die Fehler bei anderen wahrnehmen, während wir uns selbst von jeder Verantwortung für die möglichen Folgen unserer Worte oder Taten freisprechen. Saras Verhalten konnte tatsächlich als gemein beurteilt werden, doch Hagar wollte sich nicht eingestehen, wie sehr ihre verächtliche und herablassende Haltung Sara provoziert hatte.[65] Wenn wir verwundet sind, können unsere verletzten Gefühle und unser verletzter Stolz unsere Wahrnehmung trüben und unseren Fokus verzerren. Wir verteidigen uns mit Erklärungen und Entschuldigungen und geben den anderen die Schuld, die uns verwundet haben. Wir möchten beweisen, dass unsere Sicht richtig ist – *ich hatte recht; sie waren im Unrecht. Wie können sie es wagen, mich so zu behandeln!* Wir neigen dazu, unser eigenes Verhalten zu rechtfertigen, während wir bei anderen einen Maßstab anlegen, den wir selbst nicht erfüllen. Es ist aufschlussreich, dass wir, indem wir mit dem Finger auf andere weisen, zugleich buchstäblich mit drei Fingern auf uns selbst zurückweisen!

Jesus brachte diese geistliche Blindheit in der Bergpredigt zur Sprache, als er die Menge ermahnte: „Was siehst du aber den Splitter in deines Bruders Auge und nimmst nicht wahr den Balken in deinem Auge? Oder wie kannst du sagen zu deinem Bruder: Halt, ich will dir den Splitter aus deinem Auge ziehen! – und siehe, ein Balken ist in deinem Auge? Du Heuchler, zieh zuerst den Balken aus deinem Auge; danach kannst du sehen und den Splitter aus deines Bruders Auge ziehen."[66]

Wenn Sie und ich uns auf den Splitter der Sünde im Leben anderer fokussieren, und zugleich den Balken in unserem eigenen Leben ignorieren, wird Gott anfangen, unsere Aufmerksamkeit darauf zu lenken. Er kann verschiedene Mittel dazu benutzen – einen Mangel an innerem Frieden, fehlende Freude, eine Unruhe des Geistes, einen Knoten in der Magengrube, eine Mattigkeit oder Niedergeschlagenheit unserer Gefühle, oder etwas anderes, das uns bewusst macht, dass etwas nicht stimmt. Weil Gott Sie und mich wirklich liebt, wird er uns mit unseren Vorwänden, Entschuldigungen und Selbstrechtfertigungen nicht davonkommen lassen. Wenn wir einen geistlichen blinden Fleck haben, wird er versuchen, ihn zu korrigieren.

Manchmal ist diese Korrektur schwer zu verkraften, wenn sie durch andere Menschen geschieht. Ich für meinen Teil will dem Engel des Herrn meine volle Aufmerksamkeit geben, damit die Korrektur von ihm kommt und nicht durch andere Menschen. Ich habe die Erfahrung gemacht, dass eine Korrektur, die von ihm kommt, zwar sehr pointiert ist, er mir aber ziemlich sanft und liebevoll, wenn auch entschieden, die Augen meiner Selbstwahrnehmung öffnet. Da gibt es keine Anklage und keine Verurteilung, sondern nur Wahrheit und Licht und die Gewissheit, dass ich, wenn ich meinen Mangel bekenne und seine Korrektur annehme, in der rechten Beziehung zu ihm stehe und die Hoffnung haben darf, eines Tages auch zu anderen Menschen in der rechten Beziehung zu leben. Das hat er mir erst vor gar nicht langer Zeit wieder ganz neu gezeigt ...

Eine langjährige liebe Freundin bat mich eines Tages um eine Verabredung, weil sie mit mir über etwas sprechen wollte, das sie beschäftigte. Sie sagte nicht, worum es ging, sondern nur, dass sie Zeit für das Gespräch brauchte. Ich wusste, dass ihr nicht entgangen war, dass ich sowohl persönlich als auch in meinem Dienst gerade eine schwierige Zeit durchmachte. Und da sie mir in der Vergangenheit bei einigen Projekten geholfen hatte, kam mir der Gedanke, dass sie mir vielleicht wieder ihre Unterstützung anbieten wollte.

Als wir uns trafen, umarmte ich sie herzlich, und in den ersten zwanzig Minuten tauschten wir einfach Neuigkeiten aus, wie Freunde es tun. Sie berichtete von einer zerbrochenen Beziehung zwischen ihren Geschwistern und erklärte, wie traurig es sie machte, dass die beiden einander nicht vergeben wollten. Ich versicherte ihr, dass ich für die Wiederherstellung der familiären Beziehungen beten würde. Dann fragte ich nach dem eigentlichen Grund, warum sie mit mir reden wollte. Unter Tränen erklärte sie, dass ich sie in der Vergangenheit verletzt hatte, und sie deshalb beschlossen hatte, mir bei den aktuellen Herausforderungen nicht zu helfen. Sie sagte sogar, dass sie mir generell in keiner Weise mehr helfen würde. Das kam so unerwartet, dass es mir die Sprache verschlug. Sie brach offensichtlich gerade unsere Beziehung ab. Im ersten Moment konnte ich überhaupt nicht reagieren, sondern saß einfach da und starrte sie an, ohne ein Wort zu sagen. Doch so stumm ich war, wunderte ich mich sehr über die Ironie. Denn während meine Freundin die Sünde der Unversöhnlichkeit im Leben ihrer Geschwister klar erkennen konnte, schien sie völlig blind für ihre eigene fehlende Bereitschaft, mir etwas zu vergeben, das sie als Verletzung empfunden hatte. Verwirrt und konsterniert zerbrach ich mir den Kopf, für welche Sünde in meinem Leben ich offenbar so blind war, dass ich sie derart tief verletzen und zu einem solchen Schritt veranlassen konnte.

Wenn meine Freundin sich in der Absicht mit mir getroffen hatte, mich so zu verwunden, wie sie sich von mir verwundet fühlte, war ihr das gelungen. Doch was wurde dadurch wirklich erreicht? Statt unser Gespräch fortzusetzen und eine Versöhnung anzustreben, brach sie unsere Beziehung ab – ein Schritt, der nach meiner Überzeugung Gottes Herz betrübte. Und sie tat es nur wenige Minuten, nachdem sie um Gebet für die Versöhnung in ihrer eigenen Familie gebeten hatte. Das ist Blindheit. Eine geistliche Makula-Degeneration.

Nach diesem Treffen war ich entschlossener denn je, den Balken zu entdecken, der sich in meinem eigenen Auge befinden musste. Ich konnte nur rätseln, was ich getan haben mochte, um sie zu verletzen; und wenn sie so tief verletzt wurde, hatte ich dann etwa auch andere verletzt, ohne es zu ahnen? Ich wollte und will nicht mit einer geistlichen Makula-Degeneration leben. Besonders, wenn es bedeutet, dass ich andere Menschen verletze.

Obwohl ich wirklich „sehen" will, merke ich, wie schwierig oder sogar unmöglich es ist, mir selbst die Augen zu öffnen. Ich weiß, dass ich blinde Flecken habe, aber ich kann sie einfach nicht sehen. Eben deshalb nennt man sie ja blinde Flecken. Deshalb habe ich letztes Jahr nach dem Treffen mit meiner Freundin und zur Vorbereitung auf die Leitung einer Evangelisation beschlossen, Gott um dasselbe zu bitten, was der Engel des Herrn für Hagar tat. Ich bat ihn, mir meine blinden Flecken zu zeigen. Und das tat er. Zumindest zeigte er mir einige davon. Ich bin ziemlich sicher, dass es noch weitere gibt.

Als ich Gott bat, mit dem Licht seiner Wahrheit die Tiefen meines Herzens auszuleuchten, musste ich ihm Zeit dafür geben. In der Praxis bedeutete es, etwa zwei Monate lang einen wesentlichen Teil jedes einzelnen Tages damit zu verbringen, nach allem zu forschen, was ihm nicht wohlgefällig war. Um mich besser zu fokussieren, benutzte ich ein Buch mit Spiralbindung, das eine Freundin mir geschenkt hatte und das dazu gedacht war, das eigene Gebetsleben zu vertiefen und zu bereichern.[67] Das Buch enthielt mehrere Listen: Bezeichnungen von Sünden, Kategorien der Sünde, Definitionen von Sünden, Gegenmittel gegen Sünden, Sündenbekenntnisse und hunderte Bibelstellen über Vergebung für Sünden. Es war genau das, was ich brauchte, um sehen zu können.

Weil Gott treu ist und die Augen der Blinden öffnen kann, erhörte er mein Gebet. Er öffnete mir die Augen, als ich die Listen der Sünden durchging …, indem ich jeden Tag über ein paar davon meditierte. Als ich alle Listen durchgearbeitet hatte, fing ich noch einmal von vorn an. Dann wiederholte ich sie ein drittes Mal. Ich kann Ihnen versichern, dass es kein Vergnügen war. Angenehm war es nicht. Es war sogar schmerzhaft und ich brauchte Mut, um mich im Licht der Offenbarung Gottes so zu betrachten, wie ich in seinen Augen war. Aber es war auch zutiefst reinigend. Und zurechtbringend. Und sehr befreiend.

Zwar werde ich die verschiedenen Sünden hier nicht aufzählen, die Gott in meinem Leben aufzeigte, aber eine werde ich nennen, weil ich so völlig blind dafür war. Sie gehört zur Kategorie der „Kontrolle"; das sind Sünden, die Gottes Souveränität missachten. Und da war es: *Perfektionismus.* Es erwischte mich eiskalt. Ich erstarrte, als mein Blick beim ersten Durchlesen auf dieses Wort fiel. Ich brauchte die Liste nicht erst dreimal durchzugehen, um zu wissen, dass es auf mich zutraf. Ich bin Perfektionistin. Aber ich hatte Perfektionismus nie als Sünde betrachtet. Ich hatte es sogar für eine Stärke gehalten, weil es mich herausforderte, nach Exzellenz zu streben; und in der Folge hatte ich auch meine Familie und meine Mitarbeiter herausgefordert, nach Exzellenz zu streben. Doch ich hatte nicht erkannt, dass mein Perfektionismus im Extremfall dazu gedient hatte, andere zu kontrollieren. Während ich mich auf den Splitter im Auge der anderen konzentrierte, hatte ich den Balken in meinem eigenen Auge übersehen. Als mir meine Sünde klar bewusst wurde, legte ich sofort ein ernstes Bekenntnis ab und sagte dem Herrn, wie leid es mir tat, dass ich seine Souveränität in dieser Weise missachtet hatte. Dann bat ich ihn von Herzen, alle Menschen zu heilen, die ich dadurch verletzt hatte, ohne es zu merken.

Wie ich – und vielleicht auch wie Sie – hatte Hagar sich auf den kleinen Splitter – Saras Unrecht – konzentriert, aber den Balken der Arroganz in ihrem eigenen Leben ignoriert. Deshalb gab Gott ihr eine klare und tröstende, aber auch korrigierende und entschiedene Anweisung: „Kehre wieder um zu deiner Herrin und demütige dich unter ihre Hand ... Ich will deine Nachkommen so mehren, dass sie der großen Menge wegen nicht gezählt werden können."[68] Mit anderen Worten: *Hagar, der einzige Weg, dieses ganze Problem zu lösen, ist eine Neuausrichtung. Du hast das Offensichtliche übersehen. Du bist nicht dafür verantwortlich, Sara „zurechtzubringen". Vielleicht wird sie nie zugeben, dass sie dir Unrecht getan hat. Aber du bist für deine eigenen Worte und dein Handeln verantwortlich. Du musst umkehren. Geh zurück. Sei demütig. Stelle dich den Konsequenzen. Wenn du das tust, Hagar, werde ich dich, deinen Sohn, deine Enkel und deine Nachkommen zukünftiger Generationen unermesslich segnen. Ich werde dir einen Ehrenplatz in der Geschichte geben. Denn es geht mir nicht nur um deine Wunde, Hagar, sondern um dich selbst.*

Erstaunlicherweise kehrte Hagar tatsächlich um. Nicht missmutig, widerstrebend oder zögerlich, sondern mit Freude, weil sie nun wusste, dass nicht nur Abraham, sondern *sie selbst* – eine ägyptische Sklavin – eine persönliche Beziehung zu dem lebendigen Gott hatte, dem Schöpfer des Universums! Ihr verwundetes Herz war erfüllt vom Staunen über seine Gnade, Liebe und persönliche Zuwendung, und sie rief aus: „Du bist ein Gott, der mich sieht ... Gewiss hab ich hier hinter dem hergesehen, der mich angesehen hat."[69] Der blinde Fleck war verschwunden und ihr Sehvermögen vollkommen wiederhergestellt.

Die Bibel beschreibt diese Kehrtwendung als Buße. Bei mir, wie bei Hagar, genügte es nicht, meinen blinden Fleck beim Namen zu nennen. Es genügte nicht, eine frische Begegnung mit dem Gott zu haben, der mich sieht und durch und durch kennt. Ich musste umkehren. Ich traf wirklich die Entscheidung, Buße zu tun, doch die Umsetzung dieser Entscheidung im konkreten Handeln bleibt eine ständige Herausforderung. Denn ich bin immer noch eine Perfektionistin. Aber ich musste mich darin üben, den Unterschied zwischen Exzellenz und Kontrolle zu erkennen, indem ich anderen und auch mir selbst die Freiheit lasse, zu scheitern und hinter meinen Maßstäben zurückzubleiben. Ich merke, wie ich ständig in meiner Bereitschaft geprüft werde, die Kontrolle loszulassen, ohne den Standard der Exzellenz aufzugeben. Es sind Prüfungen, die ich mit Gottes Gnade und Macht bestehen will. Eine nach der anderen. Doch um diese Prüfungen zu bestehen, muss ich zur Umkehr bereit sein. Ich muss bereit sein, meine Sünde zu bereuen und sie zu unterlassen.

Wie ist es bei Ihnen? Haben Sie zwar die Sünde eingestanden, die Sie nun erkennen, müssen aber noch umkehren? Solange Sie nicht bereit sind, von Ihrer Sünde umzukehren, werden Sie sie nie überwinden. Und Sie werden den Segen verpassen, den Gott für Sie bereithält. Buße ist entscheidend, wenn Sie und ich auf unserem Weg zur Heilung vorankommen wollen.

Verwundete Menschen müssen ihre Sünde bereuen. Und auch die Menschen, die andere verletzt haben, müssen Buße tun. Sara selbst hatte unter einer schweren geistlichen Makula-Degeneration gelitten. Man kann nur ahnen, welchen Gesichtsausdruck sie hatte, als Hagar zurückkam. Fassungslosigkeit. Zorn. Schuldgefühle. Kummer. Ich frage mich, ob der Schock, als sie Hagar erblickte, auch Saras Sicht einen Ruck gab, sodass sie nun ihrerseits anfing, klarer zu sehen. Sie selbst war es gewesen, die Abraham den Vorschlag gemacht hatte, durch Hagar zu einem Kind zu kommen. Doch als Hagar tatsächlich schwanger wurde und ihre unfruchtbare Herrin mit

Verachtung strafte, reagierte Sara so unlogisch, unvernünftig und blind, mit dem Finger auf Abraham zu zeigen: „Du bist für das Unrecht verantwortlich, das mir angetan wird."[70] Sara gab ihrem Mann die Schuld für eine Situation, die sie selbst herbeigeführt hatte! Es könnte uns geradezu lächerlich vorkommen, wenn es uns nicht so sehr an uns selbst erinnern würde, wenn wir zulassen, dass unsere Wunden uns blind machen. Das ist das Verblüffende an einem blinden Fleck: Alle können ihn sofort sehen ... nur wir selbst nicht.

Sara muss gedacht haben, sie könnte ihr Problem durch ein scharfes Wort und einen Schlag mit der Hand ganz einfach lösen. Doch als Hagar zurückkehrte, war Sara zweifellos gezwungen, ihre eigene Seele zu erforschen, ihr eigenes Herz zu reinigen und ihre eigene Sünde zu bekennen. Für die nächsten fünfzehn Jahre hören wir nichts mehr von ihr. Sie bleibt im Leben Abrahams im Hintergrund und lebte offenbar still mit den Folgen ihrer Entscheidungen. Und das war sicher nicht leicht, denn mehrere Monate nach der Rückkehr ihrer Dienerin „gebar [Hagar] Abram einen Sohn".[71]

Könnte es sein, dass auch Sie, wie Sara, das Offensichtliche übersehen? Haben Sie um sich geschlagen und einen Menschen verletzt, der Sie verletzt hatte? Vielleicht haben Sie etwas getan, das längst nicht so schlimm zu sein scheint wie das, was die andere Person Ihnen angetan hat. Und vielleicht war es tatsächlich weniger schlimm. Aber übersehen Sie es nicht. Vielleicht ist das der Grund, weshalb Gott zugelassen hat, dass die Konsequenzen in Ihrem Leben wieder Einzug halten.

Wenn Sie und ich wirklich wollen, dass die inneren Wunden heilen, müssen wir uns selbst gegenüber schonungslos ehrlich sein. Wir müssen aufhören, uns auf *sie* zu konzentrieren, und Gott bitten, uns die Augen für unsere eigenen Fehler zu öffnen. Wir müssen den Mut haben, uns selbst ehrlich anzuschauen, so schmerzhaft das auch sein mag. Und dann müssen wir *umkehren*. Und alles ablegen … Stolz … Rebellion … Rechtfertigung … Vorwände … Selbstverteidigung … und Selbstmitleid. Umzukehren ist eine mutige Entscheidung – ein schwerer Schritt! Es kann weh tun, den Balken aus unserem eigenen Auge zu reißen, uns der Vergangenheit zu stellen, den eigenen Fokus zu ändern, dem eigenen Stolz zu sterben, das zugefügte Unrecht zuzugeben, auf Rache zu verzichten, der anderen Person zu begegnen, eine weitere Wunde zu riskieren. Und es braucht Mut zu sagen, dass es uns leid tut – dass wir unsere eigenen Balken und unseren Stolz, unsere Schwächen und Sünden, unsere Fehler und Versäumnisse bereuen –, und die andere Person an Gott abzugeben. Doch ich kann fast den Applaus derjenigen hören, die uns vorausgegangen sind und uns vom Himmel her ermutigen und anspornen: „Tut nun Buße und bekehrt euch, dass eure Sünden getilgt werden, auf dass Zeiten der Erquickung kommen von dem Angesicht des Herrn."[72]

Die Zeit der Erfrischung ist gekommen, aber Sie und ich müssen bereit sein, die Augen zu öffnen. Und dann umzukehren. *Kehren Sie um!*

≈ 7 ≈

Verwundungen tun weh

*Das Richtige zu tun kann schmerzhaft sein für den,
der verwundet*

Und der HERR nahm sich Saras an, wie er gesagt hatte, und tat an ihr, wie er geredet hatte. Und Sara ward schwanger und gebar dem Abraham in seinem Alter einen Sohn um die Zeit, von der Gott zu ihm geredet hatte. Und Abraham nannte seinen Sohn, der ihm geboren war, Isaak, den ihm Sara gebar. Und Abraham beschnitt seinen Sohn Isaak am achten Tage, wie ihm Gott geboten hatte. Hundert Jahre war Abraham alt, als ihm sein Sohn Isaak geboren wurde.

Und Sara sprach: Gott hat mir ein Lachen zugerichtet; denn wer es hören wird, der wird über mich lachen. Und sie sprach: Wer hätte wohl von Abraham gesagt, dass Sara Kinder stille! Und doch habe ich ihm einen Sohn geboren in seinem Alter.

Und das Kind wuchs heran und wurde entwöhnt. Und Abraham machte ein großes Mahl am Tage, da Isaak entwöhnt wurde. Und Sara sah den Sohn Hagars, der Ägypterin, den sie Abraham geboren hatte, dass er lachte. Da sprach sie zu Abraham: Vertreibe diese Magd mit ihrem Sohn; denn der Sohn dieser Magd soll nicht erben mit meinem Sohn Isaak.

Das Wort missfiel Abraham sehr um seines Sohnes willen. Aber Gott sprach zu ihm: Lass es dir nicht missfallen wegen des Knaben und der Magd. Alles, was Sara dir gesagt hat, dem gehorche; denn nach Isaak soll dein Geschlecht genannt werden. Aber auch den Sohn der Magd will ich zu einem Volk machen, weil er dein Sohn ist.

Da stand Abraham früh am Morgen auf und nahm Brot und einen Schlauch mit Wasser und legte es Hagar auf ihre Schulter, dazu den Knaben, und schickte sie fort.

1. Mose 21,1-14

Als ich neulich die Straße hinunterfuhr, bemerkte ich einen Gärtner, der gerade einen Baum beschnitt. Ich wusste, dass bei dieser Baumart alte Zweige abgeschnitten werden müssen, um Raum für neues Wachstum zu schaffen. Die herrlichen Sommerblüten, für die dieser Baum bekannt ist, wachsen nicht auf alten Zweigen. In diesem Moment schien Gott mir ins Ohr zu flüstern und mich sanft an den himmlischen Gärtner zu erinnern, der die Zweige des Weinstocks liebevoll beschneidet.

Die Trauben eines Weinstocks erreichen ihre Fülle nur auf den zarten, neuen Zweigen. Das ältere Holz der Zweige verhärtet mit den Jahren. Selbst wenn ein Zweig also noch lebt und mit dem Weinstock verbunden ist, kann es sein, dass er keine Früchte trägt. Ein Weinbauer lässt den Zweig zwar am Weinstock, doch er schneidet das alte, harte Holz zurück und treibt den Weinstock damit zu neuem Wachstum, sodass die Zweige nicht nur Blätter, sondern auch Früchte hervorbringen. Manchmal schneidet der Weinbauer die Zweige sogar so drastisch zurück, dass nur noch der Zweigansatz übrigbleibt, der mit dem Weinstock verbunden ist. Als ich im Vorbeifahren sah, wie der Gärtner den Baum beschnitt, kam mir der Gedanke, dass man dieses Beschneiden als *Verwunden* beschreiben könnte.

Später schlug ich in der Bibel nach und las noch einmal das Gleichnis vom Weinstock, das Jesus benutzte, um unsere Beziehung zu ihm zu beschreiben: „Ich bin der wahre Weinstock und mein Vater der Weingärtner. Eine jede Rebe an mir, die keine Frucht bringt, nimmt er weg; und eine jede, die Frucht bringt, reinigt er, dass sie mehr Frucht bringe."[73] Er beschrieb die gezielte Verwundung, die geschieht, wenn Gott das Leben eines Christen beschneidet.

Ob es dem Weingärtner weh tut, einen Zweig so stark zurückzuschneiden? Ich denke schon. Der Verfasser des Hebräerbriefs gibt uns einen aufschlussreichen Hinweis, wenn er erklärt: „Jede Züchtigung [Verletzung, Beschneidung] aber, wenn sie da ist, scheint uns nicht Freude, sondern Schmerz zu sein; danach aber bringt sie als Frucht denen, die dadurch geübt sind, Frieden und Gerechtigkeit."[74] Ich vermute, dass der Schmerz im Herzen des göttlichen Weingärtners schwindet, wenn reicher Segen und Frucht die Folge ist.

Abraham war ein Mensch, der andere verletzte. Als Gott ihn am Anfang berief, Ur in Chaldäa zu verlassen, ließ er gehorsam alles zurück, um Gott zu folgen. Einer seiner Hauptgründe für ein Leben des Glaubens war Gottes Verheißung, ihm einen Sohn und mehr Nachkommen als Sterne am Himmel zu geben.[75] Vielleicht war Abraham von der Aussicht auf viele Millionen Nachkommen begeistert, doch was er wirklich wollte, war ein Sohn, den er sein eigen nennen konnte. Ein Baby, das er im Arm tragen konnte. Einen Knaben, mit dem er reden und den er lehren konnte, mit dem er spielen und lachen würde, dem er alles geben konnte und den er lieben würde. Einen Sohn, dem er alles hinterlassen konnte. Ein einziger Nachkomme würde genügen.

Hagar schenkte Abraham einen Nachkommen. Sein Name war Ismael. Vierzehn Jahre lang war er der einzige Sohn Abrahams. Man braucht nicht viel Fantasie, um sich klarzumachen, dass Abraham – ein sehr wohlhabender Mann, dessen Besitz einer kleinen Nation gleichkam – Ismael mit allem überschüttete. Er verbrachte gewiss viele Stunden mit Ismael, um mit ihm zu sprechen und zu spielen, ihm beizubringen, wie man einen großen Hausstand führt, und ihn in geschäftlichen Dingen zu unterweisen. Abraham liebte Ismael! Und da Gott eine so zentrale Rolle in seinem Leben hatte, erzählte Abraham Ismael sicher von dem Gott, der sich aus dem Himmel gelehnt und in sein Leben gesprochen hatte, als er noch in Ur in Chaldäa lebte. Von dem Gott, der versprochen hatte, ihn zu segnen und durch ihn die Welt zu segnen. Von dem Gott, der Abraham zu einem Leben des gehorsamen Glaubens berufen hatte; der ihm immer wieder erschienen war, als er seinem Gott Altäre errichtete; der zu ihm gesprochen, ihn getröstet und aus Gefahren befreit hatte. Ich gehe davon aus, dass Abraham Ismael darin einweihte, dass er als sein Erstgeborener die Erfüllung der Verheißung Gottes war und seine Nachkommen so zahlreich wie die Sterne sein würden. Gewiss hing Abraham immer mehr an dem Jungen und knüpfte seine Sehnsucht von Jahr zu Jahr mehr an Hagars Sohn.

Vierzehn Jahre lang lebte Ismael buchstäblich wie ein Prinz als der geliebte einzige Sohn eines wohlhabenden, mächtigen, weithin bekannten und angesehenen Mannes. Doch statt für seine Privilegien dankbar zu sein und bescheiden zu bleiben, hatte Ismael offenbar die Arroganz seiner Mutter übernommen. In jungen Jahren, und solange seine Position unangefochten blieb, machte sich das vielleicht nicht bemerkbar; doch das änderte sich schlagartig, als an Sara ein Wunder geschah und sie – mit neunzig Jahren! – einen eigenen Sohn zur Welt brachte. Ismaels Welt wurde erschüttert. Als er nicht mehr allein im Mittelpunkt der Aufmerksamkeit und Liebe seines Vaters stand, leckte Ismael seine Wunden und wartete auf seine Gelegenheit. Und dann schlug er zurück. Hart.

An dem Tag, als Saras und Abrahams verheißener Sohn Isaak entwöhnt wurde, veranstaltete Abraham ein großes Fest. Diesen Moment wählte Ismael, um Rache an dem kleinen Jungen zu üben, der es gewagt hatte, in seine Welt einzubrechen. Wie genau dieser Angriff geschah, erfahren wir nicht, doch dass der Angriff brutal war und sich wahrscheinlich gegen den besonderen Plan Gottes für Isaaks Leben richtete, zeigt das Neue Testament, das den Angriff als „Verfolgung"[76] beschreibt.

Man kann nur ahnen, welchen Schaden Ismaels Mobbingattacke seinem jüngeren Bruder zugefügt hätte, wenn sie ein schmutziges kleines Geheimnis geblieben wäre. Zweifellos hätte sie sich zu regelrechten Misshandlungen ausgewachsen oder sogar Isaaks Leben bedroht. Und die emotionale, geistliche und psychologische Entwicklung des kleinen Jungen, dem eine ganz besondere Rolle im großen Heilsplan Gottes bestimmt war, hätte gewiss Schaden genommen.

Doch die Verfolgung blieb nicht lange verborgen, denn Sara ertappte Ismael, als er ihrem Sohn zusetzte. Jahrelang hatte sie sich still ergeben und die tägliche Anwesenheit von Hagar und Ismael geduldig ertragen. Nun brach sie ihr Schweigen in einem gewaltigen Wutausbruch. In einer Explosion angestauter Wut ließ sie ihrem Zorn freien Lauf und kleidete ihn in berechtigte Empörung und mütterliche Schutzinstinkte. In einem Tonfall, der sicher keinen Widerspruch zuließ, forderte sie von Abraham, sowohl Hagar als auch Ismael wegzuschicken: „Vertreibe diese Magd mit ihrem Sohn; denn der Sohn dieser Magd soll nicht erben mit meinem Sohn Isaak."[77]

Die harten Fakten der Realität wurden schonungslos in den gleißenden Scheinwerferkegel der Wahrheit gestellt – denn Hagars Sohn Ismael war nicht der Sohn, den Gott Abraham versprochen hatte. Er war nicht der Erbe des versprochenen geistlichen Geburtsrechts, das der kostbarste Schatz für Abraham war.

Ismael war durch Abrahams eigene Bemühungen und nach seinem Eigenwillen geboren worden. Als Abraham beim Warten auf die Erfüllung der göttlichen Verheißung ungeduldig wurde, hatte er die Sache selbst in die Hand genommen. Im Alter von fünfundachtzig Jahren wusste Abraham, dass die Zeit langsam knapp wurde, Kinder zu bekommen, und vielleicht dachte er, Gott hätte sein Versprechen vergessen. Und so eilte er Gott voraus. Dabei ignorierte er Gottes Prinzipien für die Ehe,[78] denn im Grunde beging er Ehebruch, als er seine Magd schwängerte; und dann hoffte er, dass Gott im Nachhinein seinen Segen dazu geben würde. Schon bevor Sara das Urteil aussprach, muss Abraham tief in seinem Herzen gewusst haben, dass die Realität ihn einholen würde. Nun konnte er nicht länger hoffen und so tun, als wäre alles in Ordnung. Seine beiden Söhne konnten unmöglich dasselbe Erbe empfangen. Sie konnten noch nicht einmal friedlich unter einem Dach zusammenleben. Die Axt musste schließlich fallen. Der Gärtner sah die Zeit gekommen, die Astschere anzusetzen.

Wunden eitern leicht, nicht wahr? Hagar, Sara, Abraham und nun auch Ismael und Isaak waren alle verwundet. Und Wunden heilen nicht von allein. Sie scheinen zu schlummern, um in einem ungeahnten Moment ganz unerwartet wieder aufzubrechen.

Welche Wunden eitern in Ihrem Herzen und Leben vor sich hin? Vielleicht schlummerten sie lange, bevor sie wieder aufbrachen, und nun merken Sie, dass die Wunden immer noch schmerzen.

Manchmal sind unsere Wunden selbstverschuldet wie bei Abraham. Sie sind die Folge von Entscheidungen, die wir aus eigener Anstrengung und nach unserem eigenen Willen getroffen haben – nach unseren Wünschen und Vorstellungen über das, was wir nach eigener Überzeugung brauchten, um glücklich zu sein und Erfüllung zu finden.

Wenn wir ehrlich sind, werden wir vermutlich alle zugeben, dass wir an manchen Punkten in unserem Leben vorausgeprescht sind, um dann zu beten, dass Gott unser Vorgehen oder unsere Beziehung oder unsere Entscheidung segnet. Und die ganze Zeit über haben wir uns selbst eingeredet, alles wäre in Ordnung und Gott würde uns die Sache durchgehen lassen. Doch tief im Inneren wissen wir es besser. Ein ungutes Gefühl sagt uns, dass diese Sache nicht in Ordnung ist. Unser Gewissen warnt uns, dass wir Gott vorausgeeilt sind und einfach an uns gerissen haben, was wir haben wollten. Vielleicht war es sogar etwas, von dem wir eigentlich glaubten, dass Gott es uns geben wollte. Doch wir dachten, keinen Tag länger darauf warten zu können, dass Gott sein Versprechen erfüllt. Die Zeit schien uns davonzulaufen, und so haben wir uns in eine Ehe, eine Karriere, einen geistlichen Dienst, eine Schwangerschaft, eine Adoption, einen Vertrag oder einen zweiten Job gestürzt.

Statt zu warten, bis Gott uns das Erhoffte zu seiner Zeit und auf seine Weise gibt, haben wir es uns selbst verschafft. Doch das, was wir selbst an uns gerissen haben, entwickelt sich nie so, wie wir es gehofft hatten. Manchmal bringen wir uns damit sogar in einen riesigen Schlamassel, wie Abraham.

Wenn Abraham ein Unwohlsein tief in seinem Geist unterdrückt hatte, kam es jetzt heftig zum Ausbruch. Vielleicht wurde er zuerst ganz blass und dann rot im Gesicht, als er sich der Tatsache stellen musste, dass Sara recht hatte; ihr ausgeklügelter Plan war ein Fehler gewesen und entsprach überhaupt nicht dem, was Gott wollte. Der Scherbenhaufen in seinem Herzen deutet sich in diesem knappen Satz der Bibel an: „Das Wort missfiel Abraham sehr um seines Sohnes willen."[79] Obwohl Isaak das heißersehnte, durch ein Wunder geschenkte Kind und die Erfüllung der göttlichen Verheißung war, hatte Abraham Ismael vierzehn Jahre lang als sein einziges Kind geliebt. Wie konnte es die richtige Lösung sein,

Ismael fortzujagen? Und selbst wenn es richtig war, wie sollte er imstande sein, so etwas zu tun? *Er liebte Ismael doch!*

Als Abrahams Liebe zu Isaak, Ismael und Sara in einen gewaltigen Interessenkonflikt geriet, muss er fieberhaft nach einem Ausweg gesucht haben. Der Aufruhr in seiner Familie und in seinem Herzen müssen lähmend gewesen sein, denn Gott selbst griff vom Himmel her ein, um Bewegung in die verfahrene Situation zu bringen. Zuerst beruhigte Gott Abraham und sagte ihm dann genau, was er tun sollte: „Lass es dir nicht missfallen wegen des Knaben und der Magd. Alles, was Sara dir gesagt hat, dem gehorche; denn nach Isaak soll dein Geschlecht genannt werden. Aber auch den Sohn der Magd will ich zu einem Volk machen, weil er dein Sohn ist."[80]

Auch wenn es mit unserem menschlichen Rechtsempfinden so gar nicht zu vereinbaren ist, bestätigte Gott selbst, der göttliche Gärtner, dass es der richtige Schritt war, Hagar und Ismael aus Abrahams Familie wegzuschicken. Was Abraham sonst vermutlich als eine irrationale Überreaktion von Sara gegen Hagar und Ismael verworfen hätte, war in Wirklichkeit ein weiser und guter Rat. Diese Maßnahme diente zum Schutz Isaaks, der sonst zweifellos emotional zerrüttet und geistlich zerstört worden wäre, wenn er den Launen eines feindseligen, arroganten, eifersüchtigen älteren Bruders ausgesetzt worden wäre. Und sie gab Ismael die Gelegenheit, schon als junger Mann die besondere Absicht Gottes für sein Leben zu entdecken und zu erfüllen.

Sobald Gott seinen Willen kundgetan hatte, zögerte Abraham keinen Augenblick, sondern gehorchte unverzüglich. Er hätte der Anweisung Gottes unter dem Vorwand widerstehen können, dass er mit 105 Jahren zu alt für eine solche Konfrontation war. Doch das tat er nicht. Obwohl es gewiss einer der schwersten Schritte in seinem Leben war, tat er in diesem Moment genau das, was Gott ihm aufgetragen hatte:

„Da stand Abraham früh am Morgen auf und nahm Brot und einen Schlauch mit Wasser und legte es Hagar auf ihre Schulter, dazu den Knaben, und schickte sie fort."[81]

Ich frage mich, wie dieser Moment für Hagar und Ismael gewesen sein muss. Es wäre wohl keine Übertreibung zu sagen, dass sie aufs Äußerste verletzt wurden. Durch Abraham – einen Mann Gottes und den Freund Gottes! Und was dem Ganzen noch die Krone aufsetzte: *Was er tat, war das Richtige!* Wir wissen aber auch, dass es nicht nur für Hagar und Ismael hart war, sondern auch für Abraham. Manchmal verwunden wir andere, indem wir das Richtige tun – und werden auch selbst dadurch verwundet.

Fällt es Ihnen schwer, zu akzeptieren, dass Gott uns etwas auftragen kann, das einen anderen Menschen verletzen wird? Manchmal tut er das. Gottes Wege sind nicht unsere Wege, und seine Gedanken sind nicht unsere Gedanken.[82] In manchen Situationen führt er uns Wege, die unserer konventionellen Weisheit und dem Rat von Menschen, die wir für Experten halten, widersprechen. Er kann uns zu Entscheidungen führen, die unseren eigenen festen Überzeugungen oder Gefühlen widersprechen. Doch wenn wir dasselbe tun wie Abraham – einfach vertrauen und gehorchen –, werden wir mit der Zeit feststellen, dass Gott uns immer den richtigen Weg führt.[83] Das Beschneiden macht den Weinstock gesünder, stärker und fruchtbarer.

Manchmal kommt es zu Kollateralschäden, wenn wir Gott gehorchen. Ich erinnere mich, wie ich das in einem Bibelstudienkurs, den ich zwölf Jahre lang in meiner Stadt hielt, selbst erlebte. Der Kurs wurde kontinuierlich von rund fünfhundert Frauen mit etwa zweihundert kleinen Kindern besucht. Nach dem Beispiel von Jesus, der zwölf Jünger ausbildete und sie dann beauftragte, die Welt zu erreichen, konzentrierte ich mich auf die Schulung von über siebzig Leiterinnen, die dann für eine kleine Jüngerschaftsgruppe von entweder Frauen oder Kindern verantwortlich waren, sodass jeder Teilnehmer, ob jung oder alt, persönlich betreut und begleitet wurde.

Die Leiterinnen und ich wurden wie Schwestern. Gemeinsam wuchsen wir in unserer Bibelkenntnis, unserer Liebe zu Jesus und unserem Wunsch, andere mit Gottes Wort vertraut zu machen. Ich liebte diese Frauen aufrichtig. Bis heute ist die starke Verbindung, die damals in den häufigen Begegnungen entstand, zu spüren, wenn ich einer von ihnen in einem Restaurant oder bei einer Konferenz begegne. Ich spüre die Freude des Hirten, wenn ich höre, dass sie inzwischen ihre eigene Bibelgruppe leiten oder eine wichtige Funktion in ihrer eigenen Gemeinde haben oder Bibellektionen für Kinder verfassen oder evangelistische Projekte organisieren. Einige haben angefangen, Bücher zu schreiben. Andere haben ein Curriculum für weitere Bibelstudien geschrieben.

Da ich für die gesunde, geistliche Entwicklung der gesamten Gruppe verantwortlich war, arbeitete ich unermüdlich, um zu gewährleisten, dass jede Leiterin geistlich wuchs, einen lebendigen Glauben und eine wachsende Beziehung zum Herrn hatte und mit ganzer Hingabe diejenigen schulte, für die sie verantwortlich war.

Und das mir stets bewusst war, dass ich andere nicht über meine eigene Entwicklung hinausführen konnte, war ich ständig motiviert, selbst geistlich zu wachsen.

Da unser Kurs der erste dieser Art in unserer Gegend war, waren die leitenden Frauen gute Christinnen, die einer Gemeinde angehörten; doch nur wenige hatten tiefe Wurzeln in ihrem Glauben. Sehr wenige hatten je ein Bibelseminar besucht, bevor sie an unserem Kurs teilnahmen. Mit ihrer Frische, ihrem unvoreingenommenen Zugang zur Bibel, ihrem Lerneifer und ihrer Belehrbarkeit machten sie meine Aufgabe zum Vergnügen. Es war ein echtes Privileg.

Ich möchte daher keinen Schatten auf das wunderbare Ebenbild Jesu werfen, das ich bei diesen Frauen sah, doch es gab eine Handvoll Situationen in diesen zwölf Jahren, bei denen einige von ihnen versagten. Schwer versagten. Eine Frau gestand mir, dass sie Eheprobleme hatte, und als ich ihr in die Augen blickte, wusste ich, dass sie sich mit einem anderen Mann eingelassen hatte. Das hatte sie tatsächlich. Eine andere Leiterin konnte ihre Aufgabe nicht erfüllen, griff aber auf Lügen zurück, um ihr Versagen zu vertuschen. Als ich sie darauf ansprach, versuchte sie, sich durch weitere Lügen vor mir zu rechtfertigen. Bei einer anderen Leiterin kam eine Alkoholabhängigkeit ans Licht, die sie immer verheimlicht hatte.

In solchen Situationen stand ich vor einer Wahl. Ich konnte Abstriche von meiner Überzeugung machen, dass Gott von seinen Leitern Heiligkeit und Rechtschaffenheit verlangt, und meine Liebe zu der Leiterin, deren Gefühle ich nicht verletzen wollte, über das Wohl der Gruppe stellen. Oder ich konnte sie absetzen. Ich wusste: Wenn ich keine drastischen Maßnahmen ergriff, würde zuerst das gesamte Team der Leiterinnen und in der Folge der ganze Kurs infiziert werden. Still, liebevoll und sorgfältig, sodass selbst im Leitungsteam nur wenige erfuhren, warum die Leiterin nicht mehr dabei war, entfernte ich sie aus der Leitung, indem ich jede einzeln bat, selbst ihren Rücktritt zu erklären. Doch in jedem Fall wurde die abzusetzende Leiterin tief verletzt. Obwohl sie wusste, dass ihre Absetzung berechtigt war, wurde sie verwundet. Durch mich. Es brach mir das Herz. Es tat mir leid für sie und für mich und für die anderen Leiterinnern in ihrer Gruppe. Obwohl jede Absetzung einer dieser Leiterinnen das Richtige war, tat es weh.

Der einzige Grund, warum ich Menschen, die ich liebe und mit denen ich zusammenarbeite, je verletzen würde, ist, dass Gott es gesagt hat und meine Liebe und mein Vertrauen zu ihm größer sind. Und der einzige Grund, warum Abraham

Hagar und seinen geliebten Ismael verwundete, war, dass Gott es gesagt hatte und seine Liebe und sein Vertrauen zu Gott größer waren. In jedem Fall wurde jemand verwundet, weil Gott es gesagt hatte.

Überrascht es Sie, dass Gott uns manchmal eine Anweisung gibt, von der er weiß, dass andere dadurch verwundet werden? Sie und ich können uns täuschen, indem wir insgeheim hoffen, dass ein liebender Gott über das Unrecht, das wir – oder andere – getan haben, hinwegsehen wird, damit die Korrektur des Unrechts niemanden verletzt. Wir können irrtümlich glauben, dass ein liebender Gott Menschen, die er wirklich liebt, vor dieser Art von Schmerz verschonen wird. Wir können uns ein Wohlfühlevangelium zurechtlegen, das uns weismachen will, Gottes Anliegen für uns wäre ein schmerzfreies, sorgloses, glückliches Leben.

Manchmal gleicht unsere Vorstellung von Gott eher den Erwartungen, die wir an einen Flaschengeist stellen würden. Wenn wir ihn in der richtigen Weise durch Gebet und Glauben reiben, wird er herausspringen und uns geben, was wir wollen. Diese Vorstellung ist ein drastischer Irrtum. Gottes Absicht ist nicht, uns ein gesundes, glückliches, wohlhabendes und problemfreies Leben zu geben. Seine höchste Absicht ist, uns in das Ebenbild seines eigenen geliebten Sohnes zu verwandeln, damit wir zu seiner Ehre viel Frucht bringen.[84] Und zur Erfüllung dieser Absicht lässt er manchmal zu, dass wir verletzt werden.

Es gibt Zeiten, in denen der göttliche Gärtner in unserem Leben alles außer unserer Beziehung zu Jesus abschneidet. Diese Art der Verletzung ist nicht für nur Gott schmerzhaft, sondern auch für uns. Vielleicht haben Sie nicht erkannt, dass es ein Beschneiden war, weil es eine Krankheit war, die Sie ins Krankenhaus brachte, eine berufliche Kündigung, eine Absetzung aus Ihrer Funktion in der Gemeinde, ein Konkurs Ihrer

Firma, eine Ablehnung durch Ihre Kollegen, das Zerplatzen eines Traumes, eine Bloßstellung oder ein Abkanzeln.

Was immer es war oder ist: Die Wunden durch die göttliche Beschneidung zwingen uns, auf unsere Beziehung zu Gott zu achten, weil er alles ist, was wir haben. Und auf diesem Weg stärkt er unsere Verbindung mit dem Weinstock, macht er unsere Herzen empfänglich und freut er sich an unserem Wachstum, durch das unser Leben eine größere Ernte geistlicher Früchte hervorbringt.

Wann wurden Sie bis auf den Stumpf zurückgeschnitten? Wie haben Sie auf den Schmerz der Wunde reagiert? Ich frage mich …, wieviel mehr Frucht würden Sie und ich bringen, wenn wir seine Verwundung in völliger Hingabe zulassen würden? Wenn wir annehmen würden, statt dagegen anzukämpfen …

Da es Ihre und meine Bestimmung ist, zur Ehre Gottes zu leben, ist Frucht in unserem Leben keine Option. Wir müssen Frucht bringen. Und wie ein Weinstock müssen wir die Beschneidung zulassen, um fruchtbar sein zu können. Wenn wir uns sträuben und dagegen ankämpfen, lehnen wir es damit in Wirklichkeit ab, Gott zu ehren und verfehlen damit die eigentliche Bestimmung unserer Existenz. Wir können dem göttlichen Gärtner vertrauen, dass er die Astschere in unserem Leben kompetent, liebevoll und effektiv ansetzen wird. Vertrauen Sie ihm. Er beschneidet schon seit Jahren. Er weiß, was er tut. Wir können uns auch mit dem Wissen trösten, dass Jesus selbst die göttliche Verwundung annahm. Gott der Vater ließ nicht nur zu, sondern bestimmte seinen Sohn dazu, zur größeren Verherrlichung verwundet zu werden. Schon lange bevor Jesus auf der Erde lebte, beschrieb der Prophet Jesaja den Messias als einen leidenden Gottesknecht:

> Dennoch: Er nahm unsere Krankheiten auf sich
> und trug unsere Schmerzen.

Und wir dachten,
 er wäre von Gott geächtet, geschlagen und erniedrigt!
Doch wegen unserer Vergehen wurde er durchbohrt,
 wegen unserer Übertretungen zerschlagen.
Er wurde gestraft, damit wir Frieden haben.
 Durch seine Wunden wurden wir geheilt ...
Doch es war der Wille des Herrn,
 ihn leiden zu lassen und zu vernichten.[85]

Es war der Wille des Herrn, ihn leiden zu lassen und zu vernichten? *Wie ist das möglich?* Wer wird je die Liebe eines Gottes ergründen, der seinen Sohn absichtlich verwundete, damit Sie und ich von unseren eigenen Wunden geheilt werden können! Ganz gewiss wurde Gottes großes Vaterherz gebrochen; ganz gewiss strömten Tränen über das göttliche Antlitz; ganz gewiss erstickte das Schluchzen die Stimme, die vom Berg Sinai her donnerte – obwohl „er seinen eingeborenen Sohn gab" und ihn am Kreuz sterben ließ, „auf dass alle, die an ihn glauben, nicht verloren werden, sondern das ewige Leben haben".[86]

Jesus, der Sohn Gottes, „hat sich nicht gewehrt, wenn er beschimpft wurde. Als er litt, drohte er nicht mit Vergeltung. Er überließ seine Sache Gott, der gerecht richtet. Christus [hat] sein Leben für uns gegeben".[87] Weil er Sie und mich liebt. Die Folge war, dass er viel Frucht brachte. Er ...

> besiegte den Teufel,
> überwand das Grab,
> sühnte unsere Schuld,
> kaufte Sünder frei,
> öffnete den Himmel,
> und führte viele Söhne und Töchter im Triumphzug zur Herrlichkeit![88]

Nach seinem Tod am Kreuz ist der Menschensohn von den Toten auferstanden[89] und in den Himmel zurückgekehrt, wo er seine frühere Fülle der Herrlichkeit als Sohn Gottes zurückerhielt.[90] Nun sitzt er zur Rechten des Vaters und alle Autorität im Universum ist seinen Füßen unterworfen.[91] Da wundert es nicht, wenn der Schreiber des Hebräerbriefs uns ermahnt: „Lasst uns ... aufsehen zu Jesus, dem Anfänger und Vollender des Glaubens, der, obwohl er hätte Freude haben können, das Kreuz erduldete und die Schande gering achtete und sich gesetzt hat zur Rechten des Thrones Gottes. Gedenkt an den, der so viel Widerspruch gegen sich von den Sündern erduldet hat, dass ihr nicht matt werdet und den Mut nicht sinken lasst."[92]

Preis sei Gott, dass Jesus den Schmerz der göttlichen Verwundung um der folgenden Herrlichkeit willen erduldete. Nie verwechselte er *Gott* mit den *Menschen*.

Eine solche Liebe für eine elende Sünderin wie mich kann ich nicht begreifen. Aber ich kann den Einen lieben, der mich so sehr liebte, dass er seinen eigenen Sohn verwundete, damit ich durch ebendiese Wunden Reinigung, Vergebung und Heilung erfahre. Ich kann mich dem geliebten Sohn ergeben, der sich selbst der Verwundung durch Gott ergab. Und ich kann Gottes Führung gehorchen, selbst wenn dieser Gehorsam einem anderen Menschen – und mir selbst – weh tut.

∾ 8 ∾

Von Menschen abgelehnt

Aber nicht von Ihm

Da zog sie hin …

1. Mose 21,14

Am Anfang dieses Buchs habe ich Ihnen von der Erfahrung erzählt, die mein Mann und ich machten, als wir von unserer Gemeinde abgelehnt wurden. Was ich nicht erwähnt habe, ist, dass die Wunde noch dadurch verstärkt wurde, dass sie zu einer noch frischen, schmerzlichen Erinnerung an eine vorausgegangene Verletzung hinzukam. Einige Monate, bevor mein Mann unter dem Applaus der Gemeinde aus seiner Leitungsverantwortung abgewählt wurde, hatte der Leitungskreis derselben Gemeinde beschlossen, uns die Tür für die Bibelkurse zu schließen, die ich dort neun Jahre lang gehalten hatte. Der Grund? Wir benutzten nur die Texte der Bibel. Damit stand mein Kurs mit fünfhundert Teilnehmerinnen im Fadenkreuz des politischen und konfessionellen Tauziehens, in das die Gemeinde sich verstrickt hatte. Doch Gott griff ein und sorgte für die Fortsetzung des Bibelkurses – schon eine Woche nach dem Beschluss der Leitung öffnete eine andere wunderbare Gemeinde uns ihre Türen, sodass wir kein einziges Treffen auslassen mussten. Da es jedoch meine eigene Gemeinde war, die meinen Kurs abgelehnt hatte, schien es mir nötig, in irgendeiner Weise darauf zu reagieren. Aber wie? Was konnte ich als Reaktion auf eine solche gezielte Ablehnung sagen oder tun? Ich wusste es nicht. Doch ich wusste, dass Gott eine Antwort hatte, und so betete ich inständig, dass er mir die Ohren für sein Wort öffnen würde, während ich mit offenen Augen in meiner Bibel las.

Damals las ich gerade Jeremia in meiner persönlichen Gebetszeit. Ich war beeindruckt, dass Gott Jeremia oft anwies, seine prophetischen Botschaften sinnbildlich darzustellen. Ich überlegte, wie ich dieses biblische Beispiel auf meine Situation anwenden konnte, um der Gemeinde, die meinem Bibelkurs ihre Türen verschlossen hatte, eine Botschaft der Liebe zu zeigen. Ich wusste nicht, wie ich das tun sollte, und so betete ich einfach: *Gott, wie fange ich das an? Was soll ich nach deinem Willen tun? Welche Botschaft soll ich vermitteln?*

Mir fiel ein, dass ich in einer Denomination aufgewachsen war, deren Taufpraxis meine gegenwärtige Gemeinde nicht anerkannte – was bedeutete, dass die Leiter meiner gegenwärtigen Gemeinde die Taufe nicht anerkannten, die ich als kleines Mädchen empfangen hatte. Mir kam der Gedanke, dass ich Gottes Botschaft der Liebe zum Ausdruck bringen konnte, indem ich die Form der Taufe annahm, die meine gegenwärtige Gemeinde praktizierte.

Ich wusste, dass eine neue Taufe aus Gottes Sicht nicht notwendig war. Doch ich wollte Gott ehren und mich mit den Menschen identifizieren, die er liebte; und ich empfand, dass ich das tun konnte, indem ich mich durch Untertauchen taufen ließ.

So geschah es, dass ich im Alter von siebenunddreißig Jahren, nachdem ich dreißig Jahre als entschiedene Christin gelebt hatte, etwas tat, das ich als Gottes Führung sah. An einem Sonntagabend, kurz nachdem mein Kurs abgewählt worden war, mit meinem Vater im Wasser neben mir, und meinem Mann und meinen drei Kindern in den Reihen vor mir, wurde ich als Zeichen meiner liebenden Identifikation mit der Gemeinde, die meinen Kurs abgewiesen hatte, durch Untertauchen getauft.

Ich erwartete zwar nicht, dass die Leitung ihre Entscheidung zurücknehmen würde, aber ich hatte doch angenommen, dass die Mitglieder der Gemeinde durch meinen Schritt beschwichtigt würden und mich und meine Geste freundlich annehmen würden. Doch stattdessen wurde ich gemieden. In den folgenden Wochen drehten manche sich weg, wenn ich durch die Flure ging, und gingen mir aus dem Weg, wenn ich die Kursräume betrat. Statt die Herzen empfänglich zu machen, hatte ein Schritt, den ich als Akt der Liebe getan hatte, sie sogar noch verhärtet.

Ich weiß zwar nicht, warum ich gemieden wurde, doch es könnte zwei Erklärungen dafür geben. Entweder verstanden sie meine Geste der Liebe nicht, obwohl ich in einem öffentlichen Brief den Grund für meine erneute Taufe erklärt hatte. Oder meine Geste weckte in ihnen Schuldgefühle, weil sie meinen Mann abgelehnt hatten. Vielleicht hatte ich die Gemeinde beschämt. Vielleicht kehrten sie uns, statt einer Entschuldigung, einfach den Rücken in der Hoffnung, dass wir beide weggehen würden. Was wir auch taten. Zwar hielten viele gute Freunde zu uns und traten für uns ein, doch wir wussten, dass wir offensichtlich für die Mehrheit zu einem Problem geworden waren. In der Sorge, die Gemeinde nicht zu spalten, indem Menschen sich veranlasst fühlten, Partei zu ergreifen, gingen wir still weg.

Doch die Wunde durch ihre Ablehnung schmerzte. Später fand ich Trost, indem ich mich mit der Erfahrung identifizieren konnte, die Jeremia schilderte:

Ich habe mir fast die Augen ausgeweint,
   mein Leib tut mir weh,
mein Herz ist auf die Erde ausgeschüttet …
Gedenke doch, wie ich so elend und verlassen,
   mit Wermut und Bitterkeit getränkt bin!

> Du wirst ja daran gedenken,
> > denn meine Seele sagt mir's.
> Dies nehme ich zu Herzen,
> > darum hoffe ich noch:
> Die Güte des HERRN ist's, dass wir nicht gar aus sind,
> > seine Barmherzigkeit hat noch kein Ende,
> sondern sie ist alle Morgen neu,
> > und deine Treue ist groß.[93]

Jeremia gehorchte Gottes Anweisung, das Wort Gottes sinnbildlich darzustellen, doch auch sein Handeln wurde nicht gut aufgenommen. Am Ende war sein Herz gebrochen, und Gottes Volk steinigte ihn zu Tode. *Verwundet!* Doch Jeremia blieb gehorsam, sogar bis zum Tod. Sein Vertrauen auf Gott und sein Zeugnis für die Treue Gottes wirken noch nach zweieinhalb Jahrtausenden nach. Seine Worte sind nicht nur die Grundlage für ein wunderbares Loblied, das heute in Gemeinden in aller Welt gesungen wird – „Great is Thy Faithfulness"[94] – sondern es war genau dieses Lied, das unsere Familie für meine Mutter sang, als sie diese Welt verließ und in ihre himmlische Heimat einzog.

So sehr mich die Ablehnung der Gemeinde verletzt hatte, war meine Beziehung zu Gott stark genug und mein Verständnis seines Wortes tief genug, um zu wissen, dass die Ablehnung der Gemeinde nicht bedeutete, dass *er* mich ablehnte. Als wir die Gemeinde verließen, die mehr als fünfzehn Jahre lang unser Zuhause gewesen war, wurde mir in überwältigender Weise bewusst, dass Gott an unserer Seite war. Unsere Tränen waren auf seinem Gesicht, und er trug unsere Schmach und Schande mit. Gott versteht, wie es sich anfühlt, von seinem eigenen Volk abgelehnt zu werden.[95]

Als Hagar den Ort verließ, der über vierundzwanzig Jahre lang ihr Zuhause gewesen war, stiegen sicher schmerzliche

Erinnerungen in ihr auf. Verwirrung und Verdruss, Frustration und Furcht, Zorn und Zittern, Tumult und Tränen – alles längst vergessen – wurden ihr plötzlich wieder bewusst. Hatte sie einen Flashback an jenen Tag vor zwanzig Jahren, an dem sie in dieselbe Wüste geflohen war? Nun schien das Ganze wieder von vorn anzufangen! Schluchzte Hagar unter erstickten Atemzügen, weil die Erinnerungen so weh taten? Es war einfach nicht fair! *Wo war Gott?*

Tauchten in ihren Flashbacks auch Erinnerungen an Gottes Gegenwart auf? Erinnerte sie sich daran, dass Gott dort auf der Wüstenstraße bei ihr gewesen war, die in die Wildnis führte? Hatte er sie nicht liebevoll in die Arme geschlossen und gehalten, um sie zu trösten und ihr Schluchzen zu stillen? Doch ... *wo war er jetzt?* Wie konnte ihr das alles passieren – schon wieder – nach all diesen Jahren? Sie hatte Buße getan. Sie war zurückgekehrt und hatte sich Sara untergeordnet. Sie und Sara schienen eine freundliche Beziehung entwickelt zu haben. Wie hatte alles nur so plötzlich zusammenbrechen können?

Wieder einmal fand Hagar sich auf der Wüstenstraße wieder – und diesmal war es nicht ihre Entscheidung. Man hatte ihr keine Gelegenheit gegeben, etwas zu erklären oder Ismael eine Entschuldigung aussprechen zu lassen oder etwas wiedergutzumachen. Sie hatte nicht die geringste Möglichkeit, sich oder ihren Sohn zu verteidigen oder auch nur über die Situation zu sprechen. Sie war einfach aus der Familie geworfen worden. Und wieder muss sie in ihrem Herzen ausgerufen haben: *Gott, wo bist du? Wo ist nun der Gott, der mich sieht? Schaust du weg und merkst gar nicht, was hier passiert? Siehst du es, aber es kümmert dich nicht? Siehst du es und es kümmert dich, aber du bist irgendwie nicht fähig, einzugreifen ... opferst du mich und meinen Sohn für irgendeine höhere Absicht? Gott, stehst du auf ihrer Seite?*

An diesem Punkt hätte Hagar einfach den Kopf schütteln, das Kinn heben und entschlossen sagen können: „Nein, Gott steht nicht auf ihrer Seite. Der Gott, den ich kenne, hätte Abraham niemals aufgefordert, so etwas zu tun. Ihr Gott ist nicht Gott. Mein Gott ist Gott." Und sie hätte anfangen können, einen Gott anzubeten, den sie sich selbst zurechtgelegt hatte – einen Gott, der ihr passte, weil er ihren Vorstellungen entsprach. Ich frage mich unweigerlich … wieviele Gemeinden und sogar Denominationen wurden durch eine ähnliche Haltung gespalten? Zwei Fraktionen waren uneinig, und jede behauptete, dass Gott auf ihrer Seite stand. Hagar dagegen war ehrlich genug, das Offensichtliche zu sehen und zu akzeptieren – Gott hatte Sara zugestimmt. Er *war* auf Saras Seite!

Als Hagar die staubige Straße entlangtrottete, den Wasserschlauch über die hängende Schulter gelegt, mit einem Stück Wegzehrung in der Hand und ihrem jungen Sohn an der Seite, stelle ich mir vor, wie sie dahinstolperte. Ihre Augen waren wie verschleiert. Mit schleppenden Schritten mäanderte sie ziellos dahin, ohne zu wissen wohin; sie wusste nur, dass sie *von dort* wegmusste.

Bestimmt konnte sie an nichts anderes mehr denken: *Gott hat Sara zugestimmt. Gott hat Abraham gesagt, dass er mich rausschmeißen soll!* Ihre Bestürzung muss überwältigend gewesen sein. Zweifellos trübte es ihre Gedanken, nagte an ihrem Glauben und gab ihr das Gefühl äußerster Verlassenheit. War sie gerade nicht nur von Gottes Volk abgelehnt worden, *sondern von Gott selbst?*

Vielleicht hatten Sie ähnliche Gedanken und kamen zu einer ähnlichen Schlussfolgerung: Wenn Gott zugelassen hat, dass Sie oder Ihnen nahestehende Menschen von Personen, die sich mit ihm identifizieren, so gottlos behandelt wurden, dann wollen Sie nichts mehr mit diesen Leuten zu tun haben – und auch nicht *mit ihm.*

Die Entfernung unseres Bibelkurses aus der Gemeinde und die kurz darauffolgende Abwahl meines Mannes aus seiner Leitungsposition führten dazu, dass wir von anderen Christen mit ähnlichen Erfahrungen hörten. Unsere Ablehnung schien sie an ihre eigenen schmerzhaften Wunden zu erinnern. Eine Frau, die sich fast ihr ganzes Leben aktiv als Christin engagiert hatte, schrieb: „Meine schlimmsten Verletzungen und Enttäuschungen geschahen durch Christen ... Wunden durch christliche Schwerter heilen nur sehr langsam."

Wunden durch ein „christliches Schwert" heilen langsam, weil sie besonders weh tun und sehr tief verletzen. War Ihre Beziehung zu Gott stark genug, um Sie durch die schmerzhafte Ablehnung zu tragen? Haben Sie sich in den Armen Ihres himmlischen Vaters geborgen? Haben Sie Ihren Kopf in seiner Schulter vergraben, während er mit tröstenden Worten Ihren Schmerz linderte? Haben Sie das Mitgefühl Gottes gespürt, der aus eigener Erfahrung weiß, wie es ist, vom eigenen Volk abgelehnt zu werden? Konnten Sie die Schlussfolgerung ziehen, dass Ihre Ablehnung durch die anderen eigentlich *ihr* Problem war und nicht Ihres?

Oder empfinden Sie eher wie Hagar? In der Konfrontation mit der Ablehnung verdorrte und verflüchtigte sich ihr Glaube, sodass sie mit ihren unheilbar scheinenden Wunden zurückblieb. Hagars Beziehung zu Gott, die Jahre zuvor bei ihrer ersten Flucht entstanden war, hatte sich offenbar nicht zu der Art von Glauben entwickelt, der einer solchen Ablehnung standhalten konnte.

Vielleicht denken Sie beim Lesen der Geschichte von Hagar über Ihre eigene nach ... Wenn Gott sich wirklich um mich kümmert, warum merke ich dann nichts davon, dass er mir nachgeht? Wo ist er? Warum höre ich seine Stimme nicht, die nachfragt: „Was ist los?" Wo sind seine behutsamen Hinweise, die mir sagen, was ich tun soll? Vielleicht ist das ja der

Grund, warum Sie dieses Buch lesen. Weil Gott Ihnen tatsächlich in diesem Moment nachgeht und Ihnen durch die Geschichte von Hagar begegnet. Lassen Sie nicht zu, dass Ihre Tränen Sie blind und Ihre Gedanken Sie taub machen für eine Begegnung mit ihm. Gerade hier. Gerade jetzt. Vielleicht wurden Sie von anderen abgelehnt, aber nicht von ihm.

≈ 9 ≈

Weg durch die Wüste

Gott ist immer noch da

*Da zog sie hin und
irrte in der Wüste umher bei Beerscheba.*
1. Mose 21,14

Eine Wüste ist eine unkultivierte, unbewohnte und unwirtliche Region. Zumindest ist das die Definition, die ich im Internet fand. Ich würde eine Wüste auch als trocken, unfruchtbar, einsam und steinig beschreiben. In einer geistlichen Wüste befand ich mich vor einigen Jahren. Diese Zeit in meinem Leben war trocken – scheinbar ohne den Regen des göttlichen Segens und ohne jedes Zeichen echter Frucht in meinem Leben; sie war einsam – ohne irgendeine bewusste Wahrnehmung der Gegenwart Gottes; und sie war steinig – übersät mit Problemen und Hindernissen und harten Situationen. Hätte ich einen bestimmten Auslöser benennen sollen, der meine Wüstenerfahrung einleitete, wäre es der Heimgang meiner Mutter gewesen. In meiner Trauer hatte ich nicht nur ein Gefühl der Leere und tiefen Traurigkeit, sondern es gab viele Umstände in der Phase ihres Todes, die mich an einen geistlichen dürren, unfruchtbaren, einsamen, steinigen Punkt brachten. Das Leben schien mich völlig einzuschließen.

Eines Morgens wurde mir die Bedrückung und Dunkelheit bewusst, die meinen Geist so niederdrückte, dass ich nur schwer atmen konnte. Ich zog mich an den Ort zurück, an dem ich früh morgens dem Herrn begegne, und wollte die Bibel an der Stelle aufschlagen, die ich am Tag zuvor betrachtet hatte. Doch durch göttliche Vorsehung machte ich einen

„Fehler". Statt die beabsichtigte Stelle aufzuschlagen, landete ich in einem Kapitel mehrere Seiten weiter. Doch bevor ich den Fehler korrigieren konnte, fiel mein Blick auf diesen Vers: „So blieb das Volk in einiger Entfernung stehen, während Mose sich der dunklen Wolke näherte, in der Gott war."[96] Der Vers schien zu leuchten. Er sprang mir in die Augen, während ich Gott darin flüstern hörte: *Anne, die meisten Menschen scheuen vor der Wüste zurück. Sie mögen die Dunkelheit der Bedrückung, Einsamkeit, Trockenheit, Unfruchtbarkeit nicht. Sie wollen nicht an einem harten Ort sein. Wenn sie denken, dass ich sie dort hinführen will, sträuben sie sich, scheuen zurück und wollen mir nicht mehr folgen. Doch, Anne, Mose ging auf das Dunkel zu. Weil das der Ort war, an dem ich gegenwärtig war. Und das ist immer noch der Ort, an dem ich gegenwärtig bin. Nimm das Dunkel an.*

Bevor ich ihm antworten oder auch nur beten konnte, fast bevor ich überhaupt denken konnte, war ich schon dabei, mehrere Seiten zurückzublättern, um an dem Abschnitt weiterzulesen, der eigentlich „dran" war. Der erste Vers dieser Stelle lautete: „Und als Aaron noch redete zu der ganzen Gemeinde der Israeliten, wandten sie sich zur Wüste hin, und siehe, die Herrlichkeit des HERRN erschien in der Wolke."[97] In der Wüste! An diesem dürren, unfruchtbaren, steinigen, einsamen Ort, an dem ich mich offenbar befand. Und ich wusste, dass Gott mir zu verstehen gab: *Anne, ich bin hier. Schau genau hin. Du wirst in der dunklen Wolke meine Herrlichkeit sehen.*

In diesem Moment war mir nicht bewusst, etwas von seiner Herrlichkeit zu sehen. Ich wusste nur, dass Gott zu mir gesprochen und mir mitgeteilt hatte, dass er da war. Und so senkte ich den Kopf und flüsterte unter Tränen: *Wenn du in dieser Dunkelheit bist, werde ich sie annehmen. Ich möchte sein, wo du bist.*

Gott ist im Dunkel, und Gott ist in der Wüste. Das weiß ich jetzt aus eigener Erfahrung. Doch obwohl Hagar Gottes

Gegenwart vor Jahren in ihrer Wüste erlebt hatte, hatte sie es vergessen. Sie wusste es jetzt nicht mehr. Und als sie nun plötzlich an einem dürren, unfruchtbaren, einsamen, steinigen physischen Ort landete, fand sie sich zugleich in einer geistlichen Wüste wieder – zum ersten Mal seit dreißig Jahren allein und mit der Last der Verantwortung, für die physischen, emotionalen, intellektuellen, geistlichen und praktischen Bedürfnisse eines Sohnes im schwierigen Teenageralter zu sorgen. Hagar war dringend auf Hilfe angewiesen. Sie wusste, dass sie nicht zurückkehren konnte, hatte aber auch keine Ahnung, wie sie vorwärtsgehen sollte. Und so irrte sie vor sich hin ... durch die Wüste von Beerscheba[98] und die Wüste ihrer eigenen geistlichen und emotionalen Verzweiflung.

Man braucht nicht unbedingt eine alleinerziehende Mutter zu sein, die durch einen verfrühten Tod oder eine hässliche Scheidung in diese Situation geraten ist, um sich in einer vergleichbaren Situation wiederzufinden. Vielleicht ist das Leben Ihnen einfach über den Kopf gewachsen. Wunden und Ablehnungen können sich häufen. Und es gibt vielleicht niemanden, an den Sie sich wenden können, der mit Ihnen über alles reden oder Ihnen helfen könnte. Wenn Sie und ich nicht aufpassen, kann dieses Alleinsein uns auch geistlich abdriften lassen. Wir möchten das Dunkel hinter uns lassen, wollen aus der Wüste heraus, doch bei unserem verzweifelten Bemühen stolpern wir von Reue zu Unmut, von Selbstmitleid zu Selbstvorwürfen, von Selbstbetrug zu Depression, von Niedergeschlagenheit zu Bitterkeit, von Glaube zu Agnostizismus, von Frustration zu Wut, von Verletzung zu Verhärtung, von Härte zu Hilflosigkeit. Darf ich Ihnen eine Frage stellen, die ich mir selbst gestellt habe? Sind Sie in den tiefen Winkeln Ihrer Seele verärgert über Gott? Oder sogar wütend auf ihn? Bewegen Sie sich von Gott *weg*? Sie glaubten ihn zu kennen, doch nun scheint er bestenfalls fern. Die erhebende Schlussfolgerung, zu der ich gelangt bin, lautet: Wenn er überall ist, dann ist er auch in der Wüste. Und wenn ich mich nicht dort an ihn wenden kann – an wen sonst sollte ich mich wenden? Als Hagar durch die endlose Wüste stolperte, ihre Kleider sich in Dornen verfingen, ihre Füße über Steine strauchelten, ihre Kehle staubtrocken war, verlor sie alles aus dem Blick außer ihrer eigenen Verzweiflung. Ihr Kreisen um sich selbst, so verständlich es war, machte sie blind für Gottes Gegenwart und seine Vorsehung. Doch Gott war nicht blind für Hagars Situation. Er war immer noch bei ihr und beobachtete jeden Schritt. Ständig ruhten seine Augen auf ihr, und ihre hilflose, hoffnungslose Verfassung berührte ihn tief. *Hagar, erinnerst du dich an mich? Ich bin immer noch der Gott, der dich sieht.*[99] *Du bist nicht allein. Ich bin bei dir.* Doch Hagar war so sehr mit ihren Wunden beschäftigt, dass sie nicht aufblickte; sie rief Gott nicht an; sie betete nicht. Mit gesenktem Blick konnte sie nichts tun, als weinen.

Als der Wüstenwind ihr den Staub ins Gesicht wirbelte und der Himmel in der Hitze wie Bronze flimmerte, geriet sie wahrscheinlich immer mehr in Panik, getriggert durch ein Gefühl totaler Hilflosigkeit. Sie wusste nicht, wo sie hingehen sollte oder wo sie leben konnte oder wie sie sich und ihren Sohn versorgen konnte. Bis zu dem Moment, als sie ihr Zuhause bei Abraham verlassen hatte, war immer für ihren Lebensunterhalt gesorgt worden. Sie brauchte sich keine Sorgen über das Essen auf dem Tisch oder ihre Kleidung oder das Dach über ihrem Kopf zu machen. Abraham hatte großzügig für alles gesorgt, was sie je brauchte. Nun war sie plötzlich völlig auf sich gestellt und musste selbst für die nötigsten Dinge sorgen, die sie und ihr Sohn brauchten. Sie hat sich nicht nur total hilflos *gefühlt*, sie *war* tatsächlich hilflos.

Hagars ernüchternde Erkenntnis ihrer totalen Hilflosigkeit wurde nicht nur durch ihre Wanderung durch die Wüste bis ins Extrem gesteigert, sondern auch durch ihre sehr realen und akuten physischen Bedürfnisse. Sie brauchte dringend Wasser für sich und Ismael: „Als nun das Wasser in dem Schlauch ausgegangen war, warf sie den Knaben unter einen Strauch."[100] Ohne Wasser hatten beide nicht mehr lange zu leben. Sie hatte kaum eine Chance, selbst Wasser zu finden. Und vielleicht war nicht nur ihr Körper völlig ausgetrocknet, sondern auch ihr Geist, weil sie sich völlig von Gott getrennt fühlte.

Ich weiß, wie es ist, geistlich ausgetrocknet und dürr zu sein. Dürstend nach ihm. Dürstend nach dem Gott, der sich seinen Kindern einst in der Wüste offenbart hatte. Als ich darüber nachdachte, dass Gottes Herrlichkeit in der Wüste zu sehen war – mitten in der Einöde – bat ich ihn, sich mir zu zeigen. Jahrtausende zuvor hatte Mose eine ähnliche Bitte geäußert, warum also nicht auch ich, dachte ich mir.

So nahm ich eines Morgens meine Bibel und schlug Exodus 33 und 34 auf – die Stelle, wo Gott auf Moses Bitte antwortet, ihm seine Herrlichkeit zu zeigen.[101] Ich las, dass Gott Mose in eine Felsspalte stellte, ihn mit seiner Hand abschirmte und schließlich seine Hand wegnahm, sodass Mose zwar nicht Gottes Antlitz sehen konnte, aber „im Rückblick" seine Herrlichkeit anschauen durfte.

Als ich über diesen Abschnitt nachdachte, verstand ich, dass Gottes Herrlichkeit nicht bloß ein goldenes, strahlendes Licht oder eine Wolke ist. Seine Herrlichkeit liegt in seinem Charakter.[102] Und dann fing Gott an, zu mir zu „sprechen" ... Satz für Satz ... *Anne, ich habe dich in die Felsspalte gestellt. Ich habe dich absichtlich an einen harten Ort gestellt. Du steckst dort fest. Aber ich habe dich mit meiner Hand bedeckt, und du hast meine Gegenwart ganz nah gespürt. Dann habe ich meine Hand zurückgezogen, sodass du dich von mir verlassen fühltest. Aber, Anne, schau zurück. Schau zurück! Wenn du zurückblickst, kannst du meine Herrlichkeit sehen.*

So öffnete ich die „Augen" meines Herzens und meines Verstandes. Ich blickte auf mein Leben und einige der letzten Erfahrungen zurück. *Und da sah ich seine Herrlichkeit ...*

- Als ich gebeten wurde, zehn Tage nach dem Heimgang meiner Mutter in einer Arena mit zwanzigtausend Menschen meinen Glauben zu bezeugen, sorgte Gott dafür, dass meine Knie nicht nachgaben, meine Stimme nicht zitterte, meine Tränen nicht strömten ... Und dann gab er mir seine Worte, um den Anwesenden die Hoffnung auf den Himmel nahezubringen. Im Rückblick erkenne ich, dass er mir genug Trost gab, sodass ich andere trösten konnte.[103]

- Als es in meinem Team einen dramatischen personellen Einbruch gab, der großen Schaden hätte anrichten können, ließ er das Kernteam um mich zusammenrücken und brachte uns dann hervorragende andere Mitarbeiter, sodass wir heute stärker und besser aufgestellt sind als vor diesem Umbruch. Im Rückblick kann ich seine Weisheit erkennen, die unsere Schritte vollendete.[104]

- Als ich mich einer größeren Bauchoperation unterziehen musste, umgab er mich mit seiner Liebe, sorgte für alles, was ich brauchte, und segnete mich durch die ununterbrochene Aufmerksamkeit meiner beiden Töchter. Dann gab er mir vier Wochen später die Kraft, vor achthundert Frauen auf ein Podium zu steigen und drei Vorträge zu halten, einen Workshop zu leiten und die Liveübertragung der evangelistischen Veranstaltung *Just Give Me Jesus* in Augusta, Georgia, zu überwachen. Im Rückblick kann ich erkennen, dass seine Kraft in meiner Schwachheit mehr als genügte.[105]

- Als mein Mann Danny mit einer MRSA-Infektion ins Krankenhaus eingeliefert und erst nach drei Wochen nach Hause entlassen wurde, war mein Terminkalender in dieser Zeit „zufällig" so leer, dass ich nur eine einzige Verpflichtung absagen musste, um bei ihm zu sein. Und Gott erhörte mein Gebet, indem er Danny auf übernatürliche Weise von der Schwelle des Todes mit einem geistlich neu belebten Herzen zurückbrachte! Im Rückblick kann ich sehen, dass Gott nicht nur Jahwe-Rapha ist – der Herr, der uns heilt –, sondern auch der Gute Hirte, der uns vorausgeht, uns führt und für uns sorgt, wenn wir ihm nachfolgen.[106]

Ich könnte buchstäblich seitenlang fortfahren, ein Beispiel nach dem anderen zu nennen und eine plötzliche Offenbarung seiner Herrlichkeit nach der anderen zu schildern, die er mir mitten im Dunkel schenkte. Eine interessante Erkenntnis war, dass ich seine Herrlichkeit offenbar nicht im Moment meiner Not sehen kann. Wie Mose wurde mir nicht erlaubt, sein „Gesicht" zu sehen ... von vorn. Ich kann offenbar nicht im Voraus erkennen, wie er mich versorgen, stützen, ausrüsten, bewahren, stärken oder segnen wird, wenn das Leben mich in die Enge treibt. Doch wenn er mich durchgebracht hat, schaue ich zurück und kann erkennen, dass er in jedem Moment und bei jedem Schritt bei mir war.

Also ..., wenn Sie nun in einer Felsspalte stecken, würden Sie den Gott Moses bitten, Ihnen seine Herrlichkeit zu zeigen? Dann blicken Sie zurück ...

Und wenn Sie gerade durch eine Wüste gehen – eine geistlich trockene, unfruchtbare, einsame, steinige Zeit –, würden Sie sich daran erinnern, dass Hagars Gott immer noch da ist?

10

Gott steht bereit

Er hört Ihren Hilferuf

Als nun das Wasser in dem Schlauch ausgegangen war, warf sie den Knaben unter einen Strauch und ging hin und setzte sich gegenüber von ferne, einen Bogenschuss weit; denn sie sprach: Ich kann nicht ansehen des Knaben Sterben. Und sie setzte sich gegenüber und erhob ihre Stimme und weinte.

1. Mose 21,15-16

Gott offenbart sich uns nicht immer so dramatisch, wie wir es uns wünschen. Und er erhört unseren Schrei auch nicht immer sofort. Doch er hört, wenn wir zu ihm rufen. Und er wird antworten. Ich habe erfahren, dass er mir treu zur Seite steht und antwortet, wenn ich zu ihm rufe.

Vier Wochen nach meiner größeren Operation leitete ich unsere Evangelisation *Just Give Me Jesus*, die ich im letzten Kapitel erwähnte. Auf dem Terminkalender für diese Woche standen Teamsitzungen, eine Pressekonferenz, einzelne Medieninterviews und eine Video-Aufzeichnung, alles neben meiner eigenen Vorbereitung; und am Ende der Woche natürlich die Evangelisation selbst, die am Freitagabend und den ganzen Samstag über in der *James Brown Arena* stattfand. Als ich am Freitagabend auf das Podium ging, hätte ich mich eigentlich nach einer so intensiven Woche schwach und erschöpft fühlen müssen, doch ich habe mich selten stärker gefühlt oder größere Zuversicht empfunden, dass Gott mich bis zum Ende durchtragen würde.

An diesem Freitagabend schüttete Gott seinen Segen aus, und wir erlebten, wie Hunderte zum Kreuz kamen und ihre Sünde bereuten. Und da ihm der Segen nie ausgeht, goss er ihn auch den ganzen Samstag über reichlich aus, der ein wahrer Marathon war. Gott gab mir Energie für die Eröffnungsandacht, die erste Ansprache, den interaktiven Bibelstudien-Workshop und die Abschlussrede.

Etwa nach der Hälfte meines letzten Beitrags hatte ich den Eindruck, ich sollte von meiner Operation berichten. Ich wusste, dass ich besonders an diesem Wochenende einen ständigen, übernatürlichen Zustrom seiner Stärke und Macht erlebt hatte, und wollte die Anwesenden ermutigen, auf ihrem eigenen Glaubensweg einen Blick auf seine Herrlichkeit zu erhaschen. Deshalb teilte ich in ein, zwei Sätzen kurz mit, was ich durchgemacht hatte, und fragte: *Wenn er mir helfen kann, denken Sie nicht, dass er auch Ihnen helfen kann?*

Kaum hatte ich diese Worte ausgesprochen, fühlte ich mich plötzlich schwach und mir wurde schwindelig. Ich stützte die Hände auf das kreuzförmige Pult, um das Gleichgewicht nicht zu verlieren, doch als meine Zunge schwoll und meine Worte undeutlich wurden, merkte ich, dass ich umzukippen drohte. Meine Gedanken überschlugen sich. Ich hatte den Zuhörern gerade gesagt, dass der Geist Gottes mir Kraft verliehen hatte und bereit war, für sie dasselbe zu tun. Wenn ich zusammenbrach, würden sie den Eindruck bekommen, dass man meinem Wort nicht glauben konnte, und seinem auch nicht. Mein Kollaps würde ohne Worte sagen, dass man sich in einer ausweglosen oder auch nur schwierigen Situation nicht auf Gott verlassen konnte. Ich wusste, dass es seine Herrlichkeit trüben würde, die ich ihnen so gern nahebringen wollte. Es waren sicher nur wenige Augenblicke vergangen, doch schon begann ich zu schwitzen und die Arena verschwamm vor meinen Augen. Schweigend, in meinem Herzen, flehte ich! Das Gebet war ganz einfach: *Jesus, hilf mir!*

Im selben Moment wehte eine kühle Brise über das Podium … und hörte nicht mehr auf. Durch den Luftzug fühlte ich mich körperlich erfrischt und gewann die Fassung zurück. Das Schlucken hörte auf und ich konnte wieder alles deutlich sehen. Meine Worte kamen mir klar über die Lippen, und als ich am Ende zu einem Leben für Jesus einlud und den Segen aussprach, klang meine Stimme sogar dynamisch und kraftvoll.

Am nächsten Tag fragte ich unseren Produktionsleiter, ob er oder andere Mitarbeiter hinter den Kameras meinen Schwächeanfall bemerkt und einen Ventilator eingeschaltet hatten. Er lachte und meinte: *Anne, in diesem alten Veranstaltungsgebäude gibt es keinen Ventilator, den wir hätten einschalten können, selbst wenn wir es gewollt hätten.* Da wusste ich, dass Gott mein Flehen gehört und eingegriffen hatte, um mich vor einem dramatischen Kollaps zu bewahren.

Gott steht uns zur Seite. Und das nicht nur auf einer öffentlichen Bühne, sondern auch in unserem Alltag. Jeden Tag, in jedem Moment und in jeder Situation. Doch manchmal müssen wir rufen, bevor er uns hilft. Wie traurig wäre es, wenn wir eines Tages in den Himmel kommen und erkennen, wie viele Situationen es gab, aus denen wir hätten gerettet werden können, und wie viel Segen er uns gegeben hätte, wenn wir es nicht versäumt hätten, ihn um Hilfe anzurufen.

Ein Freund unserer Familie erzählte mir, dass er einem Arzt, den er sehr schätzte, jahrelang das Evangelium vermittelt hatte. Wegen seiner ernsten gesundheitlichen Probleme musste mein Freund diesen Arzt oft aufsuchen, und mit der Zeit waren sie enge Freunde geworden. Der Arzt, der einer anderen Religion angehörte, lehnte die Gute Nachricht immer wieder ab, die mein Freund ihm mitteilte. Doch eines Abends erschütterte ein Erdbeben die ganze Gegend, in der beide wohnten.

Einige Tage später hatte mein Freund wieder einen Termin in der Praxis. Diesmal lag ein Lächeln auf den Gesichtszügen des Arztes und seine Augen strahlten, als er berichtete, dass er schließlich Jesus seine Sünden bekannt hatte und ihm als seinem Erlöser vertraute. Mein Freund war begeistert! Als er nachfragte, warum der Arzt nach so langem Widerstand nun doch zu dieser Entscheidung gekommen war, antwortete der Arzt: „Ich wurde zwischen Bett und Fußboden gerettet." Lächelnd erklärte er dann, dass er durch das Erdbeben aus dem Bett gefallen war und um Errettung von seinen Sünden geschrien hatte, noch bevor er den Boden berührte. Und Gott, der die ganze Zeit an seiner Seite gewartet hatte, rettete ihn.

Die Bibel beschreibt Abraham als einen Mann, der gelernt hatte, Gott um Hilfe anzurufen. Sein Gebetsleben war eine seiner Stärken. Oft sprach er nicht nur über eigene Anliegen mit Gott, sondern auch über die Nöte anderer.[107] Wenn er einen Altar errichtete, um zu beten, tat er es öffentlich vor aller Augen.[108] Zweifellos hatte Hagar gesehen, wie Abraham diese Gebetsstätten errichtete, und seine Gespräche mit Gott gehört. Deshalb ist es besonders rätselhaft, warum Hagar, nachdem sie fünfundzwanzig Jahre lang in Abrahams Familie gelebt hatte, in ihrer verzweifelten Lage nicht seinem Beispiel folgte und selbst betete.

Vielleicht fühlte Hagar sich durch das emotionale und physische Trauma – den Schock, die Angst und Verwirrung, den Durst und die Erschöpfung – so überwältigt, dass sie erst gar nicht auf den Gedanken kam, zu beten. Oder sie nahm an, dass man Gott zwar an einem Altar um geistliche Dinge bitten konnte, aber nicht in einer Wüste um ganz praktische Dinge wie Wasser und Wegweisung.

Vielleicht sagte sie sich, dass Gott sowieso kein Interesse an ihr hatte, zumindest nicht als einer eigenen Person. Vielleicht hatte er sich nur wegen ihrer Beziehung zu Abraham für sie interessiert. Wenn sie das dachte, musste sie nun davon ausgehen, Gottes Segen und seine Aufmerksamkeit für immer verloren zu haben. Selbst wenn sie früher sicher war, dass er zumindest Wert auf ihren Sohn legte, verflog diese Hoffnung vermutlich nach der Geburt von Isaak. Vielleicht zeigte sie Gott auch einfach die kalte Schulter, wütend, dass er dieses schreckliche Ereignis nicht nur zugelassen, sondern offenbar sogar veranlasst hatte.

Was immer der Grund war: Hagar betete nicht. Eigentlich lässt ihr Handeln kaum den Schluss zu, dass sie überhaupt glaubte. „Als nun das Wasser in dem Schlauch ausgegangen war, warf sie den Knaben unter einen Strauch und ging hin und setzte sich gegenüber von ferne, einen Bogenschuss weit; denn sie sprach: Ich kann nicht ansehen des Knaben Sterben."[109] Sterben? *Sterben? Am liebsten würde ich sagen: Hagar, hör auf damit. Du versinkst schon wieder in Selbstmitleid. Hast du nicht etwas vergessen? Hat Gott dir nicht gesagt, dass er deine Nachkommen vermehren wird?*[110] *Bedeutet das nicht, dass Ismael Kinder haben wird? Ismael ist noch nicht einmal verheiratet. Wo ist dein Glaube, Hagar? Wende den Blick von deinen Umständen ab und verankere deinen Glauben in Gottes Charakter und in Gottes Wort.* Doch das tat Hagar nicht. Stattdessen gab sie sich der Verzweiflung hin.

Ist das der Punkt, an dem Sie gerade stehen – am Ende Ihrer Möglichkeiten? Haben Sie Ihr verwundetes Herz unter einen Strauch der Verbitterung oder Unversöhnlichkeit, des Selbstmitleids oder der Selbstverteidigung, der Reue oder der Rache, des Grolls oder der Verdrängung, der Furcht oder der Frustration geworfen? Lassen Sie nicht zu, dass der Zorn Ihr Herz verhärtet oder Sie veranlasst, Gott für das, was geschehen ist, anzuklagen. Lassen Sie sich nicht davon abhalten, ihn anzurufen. Jetzt.

Ich bete, dass die folgende Geschichte Sie dazu ermutigen wird ...

Als Muslimin zählte Maria[111] sich zu den Nachkommen Hagars. Sie befand sich in einer wirklich verzweifelten Situation, weil ihr Ehemann, der ein religiöser Fanatiker geworden war, sie ständig schlug. Er misshandelte nicht nur sie, sondern auch ihren fünfjährigen Sohn, den er schlug und mit glimmenden Zigaretten verbrannte.

Immer wieder hatte Maria zu ihrem Gott gebetet, doch keine Antwort erhalten. Schließlich schrie sie in ihrer Verzweiflung: *Gott, wo bist du? Wer bist du?* Was dann geschah, berichtet sie wie folgt:

„Ich lag weinend auf dem Boden und schrie um Hilfe. Plötzlich sah ich ein helles Licht, das den ganzen Raum erfüllte. Es war ein so schönes, beruhigendes und vergewisserndes Gefühl, wie ich es noch nie erlebt hatte. Doch was dann geschah, war noch außergewöhnlicher – Jesus stand vor mir und sprach zu mir. Sein Gesicht war in Sonnenlicht getaucht und seine ausgestreckten Hände luden mich in seine Arme ein, gezeichnet von Narben durch Nagelwunden. Er sagte zu mir: ‚Ich bin da. Ich habe dich nicht vergessen. Ich starb für dich. Diese schlimme Situation wird vorübergehen – ich werde dich daraus befreien.' Dann war er verschwunden. In meinem ganzen Leben habe ich mich nie so sicher und geliebt gefühlt.

Als Nächstes lernte ich eine gläubige Christin kennen, die mir anhand der Bibel zeigte, wie ich Jesus als meinen Heiland annehmen und seine Jüngerin werden konnte. Ich war entschlossen, ihm mein Leben anzuvertrauen, selbst wenn es bedeuten sollte, dass man mich umbringen würde. Es war mir gleich – nie wieder wollte ich von meinem Jesus getrennt sein! Jetzt gehöre ich Jesus und folge ihm nach."

Derselbe Engel des Herrn, der vor einigen Jahrtausenden Hagar zur Seite stand, stand auch dieser „Tochter" Hagars zur Seite. Und so begeisternd – und wahr – die Geschichte ist, die Maria hier erzählt, unterstreicht sie mit großem Nachdruck, dass der Engel des Herrn auch Ihnen und mir zur Seite steht. Gott hört unser verzweifeltes Rufen und wird darauf antworten. Wenn wir nur Augen hätten, das Unsichtbare zu sehen, würden wir ihn im Licht seiner Herrlichkeit sehen, wie er mit ausgebreiteten Armen und Tränen in den Augen da steht und uns seine Gegenwart und Liebe, seinen Frieden und seine Rettermacht zuspricht.

In ihrer Not gab Hagar vielleicht allen anderen die Schuld für das, was geschehen war. Doch in diesem kritischen Moment in ihrem Leben war eigentlich nicht mehr wichtig, wer für ihre hoffnungslose und hilflose Situation verantwortlich war. Es spielte keine Rolle, ob es der Fehler des Pharao war, der sie Abraham und Sara gegeben hatte, oder der Fehler von Abraham und Sara, die sie aus Ägypten mitgenommen hatten, oder Saras Fehler, weil sie Hagar ihrem Mann gegeben hatte, oder Abrahams Fehler, weil er mit Hagar geschlafen hatte, oder ihr eigener Fehler, weil sie Sara aus Arroganz verachtet hatte, oder Ismaels Fehler, weil er Isaak verfolgt hatte. Es gab genug Anlässe für Schuldzuweisungen. Doch das Einzige, was nun zählte, war, dass Hagar die Wüste, die Hitze, den Durst, die Angst und Ismaels Schreie nicht mehr ertragen konnte. Sie konnte die Konsequenzen nicht länger ertragen. Sie hatte alles satt. Aber sie hob trotzdem nicht den Blick.

Redete sie sich selbst etwas ein? Abraham ist kein wirklicher Mann des Glaubens. Er ist so erbärmlich wie jeder Heide damals in Ägypten.

Versuchte sie, sich selbst zu rechtfertigen? Wenn Gott alle Fakten berücksichtigen würde, wäre er auf meiner Seite.

Versank sie in Selbstmitleid? Was habe ich denn getan, um so etwas zu verdienen?

Hegte sie Groll? Warum sollte ich für das, was Ismael getan hat, zur Rechenschaft gezogen werden? Jeder weiß doch, dass Teenager sagen und tun, was sie nicht sollten.

Empfand sie Reue? Wäre ich doch nur eine bessere Mutter gewesen und hätte Ismael mehr im Auge behalten, dann hätte er so etwas nicht angestellt.

Befürchtete sie das Schlimmste? Wird mein Kind durch meine Sünde und Schuld um seine Zukunft gebracht? Wird er in dieser Verlorenheit sterben, weil ich den richtigen Weg nicht finde? Habe ich Gottes Segen verloren und meinen Sohn dahin gebracht, auch seinen Segen zu verlieren?

In meiner Vorstellung sehe ich Hagar in einer Haltung äußerster Trauer und Verzweiflung – vornüber gebeugt mit dem Kopf auf den Knien, die Hände über dem Kopf verschränkt, schluchzend und auf den Fersen vor und zurück wippend. Währenddessen lag Ismael dem Verdursten nahe unter einem der dürren Sträucher, die das karge Land sprenkelten und kaum Schatten boten. Vielleicht war er unter Abrahams Fürsorge so behütet und verwöhnt worden, dass er keine Überlebensfähigkeit entwickelt hatte und nicht gelernt hatte, die Initiative zu ergreifen. So lag er wahrscheinlich wie ein Fötus zusammengekauert da, hoffnungslos und hilflos wie seine Mutter, und weinte sich die Augen aus. Da Hagar sich verirrt hatte, schien er überzeugt, dass sie beide sterben würden.

Doch aus dem Himmel sah einer zu, der ihnen zur Seite stand. Unendlich zärtlich und barmherzig ließ er Hagar und Ismael keinen Moment aus den Augen. Seine wachen Ohren lauschten auf den leisesten Hilferuf. Wie lange würden sie noch in ihrem Elend verharren? Wie tief mussten sie noch sinken, bis sie endlich den Blick hoben? Gott schien geduldig auf ihren Ruf zu warten.

Die alttestamentliche Geschichte von Jona in der Bibel ist ein weiteres dramatisches Beispiel für Gottes Eingreifen, wenn er zu Hilfe gerufen wird. Es geschah etwa eintausend Jahre nach der Geschichte von Hagar. Jona war ein Prophet, dem Gott befohlen hatte, den Bewohnern von Ninive – der Hauptstadt der Assyrer, der schlimmsten Feinde Israels – eine Botschaft zu bringen. Doch statt zu gehorchen, kaufte er eine Fahrkarte für ein Schiff, das nach Tarsis fuhr – genau in die entgegengesetzte Richtung. *Jona lief von Gott weg.* Doch wie Hagars Leben schon gezeigt hat, ist das unmöglich. Niemand kann vor ihm davonlaufen.

Kaum war Jonas Schiff auf See, brach ein starker Sturm los. Als die Wellen das Schiff überfluteten, gestand Jona den Seeleuten, dass er vor seinem Gott weggelaufen war. Um sich und ihr Schiff zu retten, warfen sie ihn über Bord. Und hier wird die Geschichte erst richtig interessant. Jona landete im Bauch eines großen Fisches, der ihn verschluckte, sobald er das Wasser berührte. Ich kann mir nicht einmal vorstellen, wie das gewesen sein muss!

Er fand sich im schleimigen Maul eines großen Fisches wieder, eingesogen in einem starken Strudel, der ihn mitriss wie ein kleines Blatt auf schäumenden Wogen, umgeben von kleineren Fischen und verschiedenen Partikeln, und spürte, wie der Magen zu arbeiten begann und die Verdauungssäfte anfingen, ihn zu zersetzen! Seine Lage war wirklich aussichtslos. Auf dem ganzen Planeten war kein Ort niedriger als der Bauch dieses Fisches. Doch genau an diesem Tiefpunkt hob er endlich den Blick und schrie zu Gott um Hilfe:

> Ich rief zu dem HERRN in meiner Angst,
>   und er antwortete mir.
> Ich schrie aus dem Rachen des Todes,
>   und du hörtest meine Stimme.
> Du warfst mich in die Tiefe, mitten ins Meer,
>   dass die Fluten mich umgaben.
> Alle deine Wogen und Wellen
>   gingen über mich,
> dass ich dachte,
>   ich wäre von deinen Augen verstoßen,
>   ich würde deinen heiligen Tempel
>   nicht mehr sehen.

Wasser umgaben mich bis an die Kehle,
 die Tiefe umringte mich,
 Schilf bedeckte mein Haupt.
Ich sank hinunter zu der Berge Gründen,
 der Erde Riegel schlossen sich hinter mir ewiglich.
Aber du hast mein Leben aus dem Verderben geführt,
 HERR, mein Gott!
Als meine Seele in mir verzagte,
 gedachte ich an den HERRN,
 und mein Gebet kam zu dir in deinen heiligen Tempel.[112]

Jona hatte Gottes ungeteilte Aufmerksamkeit. Er war da, als Jona betete. Und er antwortete – augenblicklich. Er veranlasste den Fisch, Jona buchstäblich an Land zu spucken. Gott rettete Jona, entband ihn aber nicht von seinem göttlichen Auftrag. Gott hielt an seiner ursprünglichen Anweisung fest, Jona direkt nach Ninive zu schicken. Und Jona, der sich dem Willen Gottes neu untergeordnet hatte, ging hin und predigte. Die Folge war, dass die gesamte Stadt Ninive, vom König bis zu den einfachen Leuten auf der Straße, ihre Sünde bereute und sich Gott unterwarf.

Tausend Jahre nach Jona sehen wir in der Beziehung zwischen Jesus und seinen Jüngern dieselbe Dynamik, die immer noch wirksam war. Sie stemmten sich auf die Ruder ihres Bootes, während ein Sturm auf dem galiläischen Meer tobte. Die Bibel sagt uns, dass Jesus, als er sich ihnen näherte, „an ihnen vorübergehen" wollte. Er trat nicht in ihr Boot und stillte den Sturm nicht, bis sie ihn schließlich zu Hilfe riefen.[113]

Wenn Gott den Schrei seiner Jünger mitten im Sturm hört ...

Wenn Gott den Schrei eines ungehorsamen, widerspenstigen, trotzigen Propheten hörte, der so tief gesunken war, dass er im Bauch eines großen Fisches landete ...

Wenn Gott den Schrei einer verzweifelten muslimischen Mutter hörte …

Wenn Gott mitten im Erdbeben den Schrei des Arztes meines Freundes hörte …

Wenn Gott meinen Schrei auf dem Podium einer Arena hörte …

Warum, denken Sie, sollte er Ihren Schrei nicht hören?

Gott ist ein Gentleman. Er wird sich nicht gewaltsam in Ihr Leben drängen oder darauf bestehen, Ihnen zu helfen, obwohl Sie seine Hilfe offensichtlich nicht wollen; er wird sich nicht einfach in Ihre Situation einmischen. Er wartet darauf, dass Sie ihn *bitten*, bevor er eingreift. Fast viertausend Jahre nach Hagar, dreitausend Jahre nach Jona und zweitausend Jahre nach den Jüngern steht Gott immer noch bereit, liebe Leser. Ja, wirklich. Doch vielleicht wartet er auf Ihren Ruf. Rufen Sie ihn also an. Schreien Sie zu ihm, gerade jetzt. Sie können es mit den Worten meines Gebets tun: *Jesus, hilf mir* …

~ 11 ~

Das Schweigen wird gebrochen

*Gott ist ein Gott, der Gebete hört,
Gebete beantwortet und Wunder tut*[114]

Da erhörte Gott die Stimme des Knaben.
Und der Engel Gottes rief Hagar vom Himmel her …
1. Mose 21,17

Manchmal lernen wir die wertvollsten Lektionen nicht durch Lehre, sondern durch Anschauung. Wie Abrahams Leben für Ismael, so war auch das Leben meiner Eltern bei uns zuhause für mich ein Anschauungsunterricht, der mir einige der wichtigsten Lektionen vermittelte.

Eine Begebenheit steht mir besonders klar vor Augen ...

In der Woche nach meinem siebzehnten Geburtstag war mein Vater Gastredner in einer Schulversammlung zur Abschlussfeier unseres High-School-Jahrgangs. Auch die Familien und Freunde der Absolventen durften an der Feier teilnehmen, und da mein Vater der Redner war, fand sie in einem öffentlichen Saal außerhalb der Schule statt. Da ich spät dran war, rannte ich aus dem Haus und rief meinen Eltern über die Schulter zu, dass ich schon vorausfahren würde, weil ich versprochen hatte, auf dem Weg einige Freundinnen abzuholen.

Ich sprang in den kleinen VW-Käfer meiner Mutter, den sie mir zu diesem Anlass geliehen hatte, trat das Gaspedal durch und flog die gewundene einspurige Straße hinunter, die zu unserem Haus führte. Ich machte einige Zeit wett, bis ich um eine scharfe Kurve bog und zu meinem Entsetzen einen großen Buick Riviera erblickte, der mir entgegenkam. Ich trat mit aller Kraft auf die Bremse, riss das Lenkrad nach rechts und pflügte in eine Böschung, doch nicht ohne zuvor die Front des entgegenkommenden Fahrzeugs zu rammen.

Das Knirschen des Metalls, das Klirren der berstenden Scheiben und das Quietschen der Reifen noch in den Ohren versuchte ich vergeblich, die eingedrückte Tür zu öffnen. Also kletterte ich über den Schaltknüppel und stieg durch die Beifahrertür aus. Die Fahrerin des Buick stand neben ihrem Wagen, die Augen vor Schock und Angst weit aufgerissen. Es war Frau Pickering, eine Nachbarin.

Sofort entschuldigte ich mich: „Es tut mir so leid, Frau Pickering. Es ist alles meine Schuld. Bitte helfen Sie mir, die Stoßstange vom Reifen wegzubiegen; dann kann ich schauen, ob der Motor sich starten lässt. Ich bin soooo spät dran." Sie tat es, und ich kletterte durch die Beifahrertür wieder auf den Fahrersitz. Ich setzte den Wagen aus der Böschung zurück, kurbelte das Fenster herunter und bat: „Bitte, Frau Pickering, sagen Sie meinem Vater nichts. Ich werde meinen Eltern nach der Veranstaltung alles erzählen, aber im Augenblick will ich lieber nicht sagen."

Langsam fuhr ich durch die Stadt, um meine Freundinnen abzuholen, doch dann sah ich im Rückspiegel blinkendes Blaulicht. Kann es heute wirklich noch schlimmer kommen? Ich konnte kaum glauben, dass ich von der örtlichen Polizeistreife angehalten wurde! Tränen stiegen mir in die Augen. Der Beamte trat ans Fenster und starrte abwechselnd auf mich und auf den verbeulten Wagen, bevor er das Offensichtliche aussprach: „Nun, junge Dame, offenbar hatten Sie gerade eine Karambolage."

Ich nickte. Er wartete und ließ seine Blicke weiter über den Wagen schweifen.

„Sorgen Sie dafür, dass Sie in Zukunft vorsichtiger fahren", meinte er schließlich.

Wieder nickte ich, und dann ließ er mich fahren.

Als ich endlich meine Freundinnen abholte, war ich selbst ein Wrack! Sie bestürmten mich mit Fragen, die ich unter Tränen zu beantworten versuchte, während wir zum Veranstaltungsort fuhren. Als wir ankamen, parkte ich den Wagen so, dass die verbeulte Seite durch einige Büsche verdeckt wurde, und hoffte, dass niemand es bemerken und womöglich meine Mutter fragen würde, was passiert war. Dann rannte ich auf das Gebäude zu und nahm meinen Platz unter den Absolventen ein, die bereits in das Auditorium einzogen.

An die Feier selbst kann ich mich kaum erinnern; ich weiß nur noch, dass mein Vater auf die Bühne trat, mich direkt anschaute und dann vor allen Anwesenden erklärte, dass ich ihm nie irgendwelche Probleme bereitet hatte, sondern für ihn und meine Mutter immer eine Freude gewesen war. Ich wäre am liebsten gestorben!

Nach der Veranstaltung wollte ich mich schnell aus dem Staub machen, als jemand sagte: „Anne, dein Vater will dich sprechen." Ich war sicher, dass mir nun eine Standpauke bevorstand. Stattdessen kam mein Vater einfach der Bitte einiger Reporter nach, die ihn dabei fotografieren wollten, wie er den Doktorhut seiner Tochter richtete. Am nächsten Tag prangte das Foto auf der Citizen Times von Asheville. Unübersehbar waren die Mascara-Rinnsale auf meinen Wangen, die von den Lesern sicher als emotionale Reaktion auf meinen Abschluss gedeutet wurden!

Endlich konnte ich mich zurückziehen, meine Freundinnen wieder zuhause absetzen und dann selbst nach Hause fahren. Ganz langsam. Beim Fahren betete ich: „Bitte, lieber Gott, bitte lass meinen Vater irgendwo anders sein – am Telefon, in seinem Büro, bei einem Spaziergang – aber lass mich ihn jetzt nicht treffen, denn ich muss mir das alles gut überlegen. Ich verspreche, dass ich ihm alles erzählen werde – aber bitte nicht sofort."

Ich fuhr die Einfahrt hinauf, parkte den Wagen so, dass die verbeulte Seite vom Haus aus nicht zu sehen war, und schlich dann zur Haustür. Ganz sachte öffnete ich die Tür, huschte hinein und wollte gerade die Treppe hinauf in mein Zimmer eilen, als mein Blick die Küche streifte. Dort stand mein Vater und sah mich mit seinen durchdringenden blauen Augen an.

Ich erstarrte für einen Moment, der mir unendlich lang vorkam. Dann lief ich zu ihm und warf ihm die Arme um den Hals. „Daddy, es tut mir so leid. Wenn du wüsstest, was ich angestellt habe, hättest du nie solche netten Sachen über mich gesagt." Ich berichtete ihm von meinem Crash – dass ich zu schnell gefahren und das Auto unserer Nachbarin gerammt hatte. Ich bekannte, dass es nicht ihre Schuld war, sondern nur meine. Als ich an seiner Schulter weinte, sagte er vier Dinge, die mir wichtige Einsichten vermittelten, nicht nur über das Leben, sondern auch über meinen himmlischen Vater:

- „Anne, ich wusste schon die ganze Zeit über von dem Unfall. Frau Pickering kam sofort zu mir und hat mir alles erzählt – ich habe nur gewartet, dass du selbst kommst und mir alles erzählst."

- „Ich liebe dich."

- „Wir können das Auto reparieren lassen."

- „Du wirst durch diese Erfahrung eine bessere Autofahrerin sein."[115]

Was für ein Beispiel der Gnade! In den Armen meines irdischen Vaters erlebte ich eine Liebe und Vergebung, die ich nicht verdiente. Und dadurch lernte ich tiefer verstehen, was es bedeutet, die liebevolle, vergebende Umarmung meines himmlischen Vaters zu erfahren. Früher oder später geraten wir alle in irgendeinen Crash – ob es nun ein physischer, emotionaler oder finanzieller Zusammenbruch oder der Zerbruch einer Beziehung ist. Es kann Ihre eigene Schuld sein, oder die Schuld anderer. Wenn Sie den Schaden selbst verursacht haben, werden Sie aller Wahrscheinlichkeit nach mit dem blinkenden Blaulicht der Moralpolizei konfrontiert werden. Man wird Sie und die Scherben ansehen und sagen: „Oh, oh. Sieht ganz nach einem Zusammenbruch aus. Du hast dein eigenes Leben ruiniert und andere Menschen verletzt." Als ob Sie das nicht schon selbst wüssten! Diese Art von Kritik ist nicht hilfreich; sie macht die Verletzung, Scham und Schuld nur noch schlimmer.

Als Gott Hagar und Ismael still beobachtete, muss er sehr betrübt gewesen sein. Er hatte Abraham zwar angewiesen, Hagar und Ismael fortzuschicken, aber er liebte die beiden auch. Würden sie ihn doch nur anrufen! Würden sie doch nur im Glauben die Arme um seinen Hals werfen. Es muss fast unerträglich für Gott gewesen sein, das Schweigen auszuhalten und sie einfach leiden zu sehen, besonders, da er direkt bei ihnen war. Doch Gott ist geduldig. Er wartete.

Ich frage mich, ob Hagars Schluchzen mit der Erschöpfung allmählich in ersticktes Wimmern überging. Legte sich eine Stille über die hitzige Luft, verstummten die Vögel und erfasste ein Schweigen die Wüste, als hielte die Schöpfung selbst den Atem an, um auch nur den leisesten Hauch zu vernehmen, dass Hagar und Ismael endlich den Gott anriefen, der bei ihnen war?

Endlich durchbrach ein krächzender Laut aus einer vertrockneten Kehle die Stille – aber er kam nicht von Hagar. Er kam aus dem Strauch. Ismael! Der arrogante, dreiste Teenager rief den Gott seines Vaters an – denselben Gott, der …

... den Bund mit Ismaels Vater erneuert und Abraham und seiner Familie ein ewiges Versprechen gegeben hatte;[116]
... Ismaels Anspruch ihm gegenüber annahm, als Ismael dem Beispiel Abrahams folgte und sich als Zeichen des Bundes beschneiden ließ;[117]
... versprach, Sara einen eigenen Sohn zu geben;[118]
... auf Abrahams beharrliche Fürbitte für Sodom einging und dann antwortete, indem er Lot vor dem Gericht bewahrte, das über die Stadt kam;[119]
... ein Gebet durch ein Wunder beantwortete, indem er Abraham und seine ganze Familie aus einer sehr gefährlichen Situation in Gerar rettete.[120]

Ich frage mich, ob Ismaels Erfahrung in Gerar ihm lebhaft in Erinnerung kam. Er war damals dreizehn Jahre alt gewesen. Abraham war nach der Zerstörung Sodoms mit seiner Familie nach Gerar gezogen. Aus Angst vor einer Misshandlung durch den König log Abraham, indem er Sara als seine Schwester ausgab – eine Lüge, die ihn schon einmal in Gefahr gebracht hatte.[121] Die ganze Familie geriet in eine lebensbedrohliche Lage, die eindeutig Abrahams Schuld war. Doch Gott stand bereit. Als Abraham betete, antwortete Gott und befreite sie durch sein übernatürliches Eingreifen.

Ismael muss sich gefragt haben: *Gibt es irgendeine Hoffnung, dass der Gott meines Vaters mich hören wird?* Er befand sich in einer beängstigenden Situation – verloren und verdurstend in der Wüste ohne die geringste Vorstellung, was er tun oder wohin er gehen konnte, da seine Kräfte rasch dahinschwanden, sein Atem schwach wurde und das Leben aus ihm wich. Doch wenn Gott seinen Vater gehört hatte, würde Gott vielleicht auch seine Stimme hören. Es gab nur einen Weg, das herauszufinden. Und so hörte Ismael einfach auf zu weinen und fing an, nach Gott zu rufen.

Der Herz des Vaters hüpfte bestimmt vor Freude! Ja, der Himmel muss applaudiert haben, denn „da erhörte Gott die Stimme des Knaben."[122] Was für eine erstaunliche Gnade!

Dieser Aspekt der Geschichte von Hagar und Ismael hat mir für meine Elternrolle besonders viel zu sagen. Wie Abrahams Beispiel für Ismael vermittelte das Leben, das meine Eltern bei uns zuhause führten, mir einige der wichtigsten Lektionen. Ich frage mich, ob ich meinen eigenen Kindern und Enkeln auch solche unschätzbaren Lebenslektionen vermittle.

Wenn meine Kinder – und Ihre – sich einmal in einer ausweglosen Notlage befinden – besonders, wenn sie durch eigene Entscheidungen, falsche Worte oder falsche Taten in diese Situation gekommen sind –, an welche unserer Verhaltensweisen in unseren eigenen Schwierigkeiten werden sie sich dann erinnern? Haben wir unsere Fehler und Sünden vor ihnen verborgen und stattdessen die Fassade perfekter Eltern aufrechterhalten? Oder haben wir zugelassen, dass sie die Gnade Gottes in unserem Leben sehen durften, als wir sie nicht verdient hatten – wie er uns segnete, unsere Gebete erhörte und uns von selbstverschuldeten Wunden heilte? Ich frage mich, ob ihre Erinnerungen an unsere Reaktionen in Notlagen und Schwierigkeiten sie davon *abhalten* oder eher dazu *ermutigen* werden, Gott um Hilfe anzurufen.

Jedenfalls weiß ich aus Erfahrung, dass es, wenn ich in eine Notlage geriet, entscheidend darauf ankam, nicht vor meinem himmlischen Vater wegzulaufen, meine Verantwortung abzustreiten oder mein Verhalten zu entschuldigen. Entscheidend war, zu ihm zu laufen, im Glauben meine Arme um seinen Hals zu werfen und meine Sünde zu bekennen – mein Herz auszuschütten und ihm zu sagen, ich welcher Not ich mich befand und welches Chaos ich angerichtet hatte. Dabei habe ich nicht nur entdeckt, dass er tatsächlich ein Gott ist, der Gebet hört und beantwortet, sondern dass er mir auch erlaubte, ein Beispiel für die Menschen zu sein, die mir am nächsten stehen und die ich am meisten liebe – meine eigene Familie.

Nie werde ich das wunderbare Beispiel meines eigenen Vaters vergessen. Und Ismael hat ganz gewiss nie das Beispiel Abrahams vergessen. Vielleicht war sein Rufen genau der Grund, warum Gott ihn hörte und „der Engel Gottes … Hagar vom Himmel her [rief]".[123]

Aber Moment mal. Ist das nicht ein Fehler? Müsste Gott nicht uns selbst antworten, wenn wir ihn anrufen? Warum sollte er Hagar rufen, wenn es Ismael war, der ihn angerufen hatte? Könnte es sein, dass Ismael Gott *für seine Mutter* angerufen hatte?

Ich weiß, dass Gott die Gebete von Kindern für ihre Mütter erhört, weil ich selbst erlebt habe, wie er die Gebete meiner Kinder für mich beantwortete. Ein Beispiel kommt mir sofort in den Sinn. Es geschah, als ich mein jährliches Seminar am *Billy Graham Training Center* in Asheville in Nord-Carolina hielt. Während der Seminare wohne ich immer in einer der Hütten für die Redner und unternehme mit großer Freude in den Pausen zwischen der Vorbereitung der Lehrunterlagen einige Bergwanderungen. In den letzten Jahren habe ich dabei verschiedene Wildtiere gesehen, darunter einen Berglöwen, eine Bärenmutter mit drei Jungen, eine Wildkatze, einen Rotluchs mit zwei Jungen, Schlangen, viel Rotwild und Wildtruthähne, um nur einige zu nennen. Ich habe einen gesunden Respekt vor diesen Geschöpfen und bleibe auf Distanz, habe aber normalerweise keine Angst vor ihnen.

Als ich mich kürzlich wieder in der Hütte aufhielt, fühlte meine jüngste Tochter Rachel-Ruth sich innerlich gedrängt, für mich um Bewahrung zu beten. Obwohl sie über zweihundert Meilen entfernt war, spürte sie, dass ich irgendwie in Gefahr war. Deshalb betete sie ernsthaft und von Herzen für meinen Schutz. Erstaunlicherweise nannte sie in ihrem Gebet tatsächlich genau die Gefahr beim Namen, die mich nach ihrem Eindruck bedrohte: einen angriffslustigen schwarzen Bär.

Als wir später unsere Notizen verglichen, stellten wir fest, dass sie genau in dem Moment angefangen hatte zu beten, als ich meine Hütte verließ, um zu wandern. Als ich gerade die Tür zuzog, bemerkte ich aus dem Augenwinkel eine Bewegung, und als ich genauer hinschaute, sah ich einen großen, abgemagerten, ausgehungerten schwarzen Bär im angrenzenden Wald. Einen Augenblick lang stand ich da und schaute ihn einfach an, bis mir bewusst wurde, dass er direkt auf die Hütte zusteuerte! Ich wich in die Hütte zurück, schloss die Tür fest zu und ging dann ans Fenster. Tatsächlich, der Bär war direkt zur Veranda gekommen und hatte das Glas Eistee umgestoßen, das ich neben dem Schaukelstuhl zurückgelassen hatte; nun fing er an, das Kissen zu zerfetzen, auf dem ich gerade noch gesessen hatte! Als ich auf die Fensterscheibe pochte, damit er von dem Kissen abließ, richtete er sich auf den Hinterbeinen auf und schaute mich grimmig an. Ich beobachtete ihn, wie er dreimal um die Hütte strich, bevor er schließlich durch den Wald davontrottete.

Was mich verblüffte, war, dass der Bär nicht die geringste Scheu vor mir zeigte. Mehrmals war ich bei Wanderungen auf Bären gestoßen, die sich stets von mir fernhielten, und ich tat mein Bestes, zu ihnen Distanz zu halten. Doch dieser Bär schien dem Verhungern nahe und zeigte kein normales Verhalten; ich glaube, er hätte mich angegriffen, wenn ich ihm beim Wandern begegnet wäre. Hätte ich die Hütte auch nur fünf Minuten früher verlassen, hätte ich ihn in dem nahegelegenen Wald nicht bemerkt, sondern wäre weiter draußen von ihm überrascht worden.

Diese Erfahrung wurde zu einem doppelten Segen – ich war nicht nur vor der Gefahr bewahrt worden, sondern war auch sehr ermutigt, dass Gott die einfühlsamen, persönlichen

Gebete meiner Tochter für mich gehört und beantwortet hatte. Wie bemerkenswert, wie erstaunlich, wie bewegend ist doch der Gedanke, dass Gott unsere Kinder hört, wenn sie beten … *für uns!*

Meine Erfahrung lässt mich vermuten, dass Ismael für seine Mutter zu Gott betete. Vielleicht ging er sogar so weit, seine Fehler zu gestehen und zu bekennen, dass er Gottes Barmherzigkeit nicht verdiente. Vielleicht flehte er für seine Mutter zu Gott, weil er in ihr das unschuldige Opfer seines zerstörerischen Verhaltens sah. Vielleicht führte seine Verzweiflung zu einer Demut, die endlich seinen Stolz, seine Arroganz und seine Selbstbezogenheit brach, sodass er für einen anderen Menschen beten konnte. Vielleicht hatte sein Flehen den Tonfall der Reue.

Wenn Ismael tatsächlich zu dem Gott seines Vaters betete, nennt die Bibel uns jedenfalls keine Einzelheiten. Sie sagt nur, dass *Gott den Jungen rufen hörte.*

Ich *weiß*, dass Gott die Gebete von Kindern für ihre Eltern erhört. Doch ich weiß auch, dass Gott unsere eigenen Gebete und nicht nur die unserer Kinder hört und beantwortet, weil er ein Gott ist, der Gebete hört, Gebete beantwortet und Wunder tut.

Schreiben Sie sich diese Aussage in Herz und Sinn, die in einem einzigen Vers zweimal wiederholt wird: *Gott hat gehört.*[124] Gott hat Ihr Rufen gehört; er hat das Rufen Ihres Sohnes oder Ihrer Tochter gehört; er hat das Rufen Ihrer Angehörigen und Freunde und Nachbarn und aller Menschen gehört, die weinen und ihre Stimme erheben … zu ihm.

Wenn Sie aufmerksam zugehört haben, werden Sie hören, wie Ihr himmlischer Vater Ihnen zuflüstert: Ich habe dein Rufen gehört. Ich wusste schon die ganze Zeit von deinem Zusammenbruch … von dem ganzen verzwickten Durcheinander in deinem Leben. Ich habe dich gesehen, als es passierte. Es gibt nichts, was du sagen oder tun könntest, keinen Ort, wohin du gehen, und keinen Menschen, mit dem zusammen sein könntest, ohne dass ich es weiß. Ich habe nur darauf gewartet, dass du kommst und es mir sagst. Ich liebe dich. Ich kann das Chaos beheben und die Konsequenzen in Segen verwandeln, wenn du es mir überlässt. Und du wirst auf lange Sicht dadurch ein besserer Mensch werden. Denn ich bin ein Gott, der Gebet hört und beantwortet. Und ich kann Wunder für dich tun.

~ 12 ~

Ein hartnäckiger Geist

Ein Exil von Gott ist selbstgewählt

Was ist dir, Hagar?

1. Mose 21,17

Vor einigen Jahren lernte ich einen gutaussehenden, begabten und äußerst intelligenten jungen Mann kennen. William war ein Investigativjournalist und arbeitete für eine große Zeitung. Ich wurde durch einen Artikel auf ihn aufmerksam, den er über seinen Weg *weg von* Gott geschrieben hatte. Gerade zu dieser Zeit hatte ich *The Magnificent Obsession* veröffentlicht, ein Buch über meinen Weg *zu* Gott. In seinem Artikel beschrieb er sich selbst als wiedergeborenen Christen, der sich seiner Beziehung zu Gott sicher gewesen war. Doch im Laufe seiner journalistischen Tätigkeit hatte er in der organisierten Kirche und bei Menschen, die sich als Christen bezeichneten, so viel Heuchelei aufgedeckt, dass er zunehmend ernüchtert wurde. Er warf Gott vor, die Sünde und Heuchelei zuzulassen, die er aufgedeckt hatte, und konnte nicht zwischen Gott und seinem fehlbaren Volk unterscheiden. Und so wandte William sich von Gottes Volk ab … und von Gott. Seither hat er mit seinem bekennenden Agnostizismus eine gewisse Karriere als Sprecher und Autor gemacht. Ich kaufte sein Buch und las darin, wie er bei seinen Reportagen über Religion in Amerika seinen Glauben verloren und dabei sogar einen unerwarteten Frieden gefunden hatte.[125] Es tat mir in der Seele weh, und ich fing an, für William zu beten, wann immer ich an ihn dachte, was über ein Jahr lang sehr oft vorkam.

Als ich eines Morgens meine nächsten Reisetermine durchsah, bemerkte ich, dass ich in der Gegend sein würde, in der William arbeitete. Ich bat einen Mitarbeiter, ihn zu kontaktieren und zu fragen, ob er zu einem Gespräch mit mir bereit wäre. Er stimmte zu. Meine Erwartungen stiegen, als immer deutlicher wurde, dass Gott bei allen Details seine Hand im Spiel hatte. Das Hotel, in dem ich wohnen würde, befand sich nur zwei Blocks von dem Veranstaltungsort entfernt, wo er an demselben Tag sprechen würde, den ich für unser Treffen vorgeschlagen hatte. Also …

Mehrere Wochen später saß ich im Hotelrestaurant bei einem Glas Eistee William gegenüber. Er war zuvorkommend, freundlich und – kaum überraschend – etwas verhalten. Während ich versuchte, die Spannung aufzulockern, spürte ich ein überwältigendes Bewusstsein der Liebe Gottes für William. Ich konnte Gottes Liebe für ihn *fühlen*, und ich wusste, dass William die ungeteilte Aufmerksamkeit des Himmels hatte. Ich wusste auch, dass Gott sehr betrübt darüber war, dass William durch Christen verletzt und verwundet worden war. Und so teilte ich ihm die Botschaft, die Gott mir aufs Herz gelegt hatte, so gut wie nur möglich mit.

Ich sagte William, wie leid es mir tat, dass wir – Gottes Volk – uns so verhalten hatten. Ich bat ihn um Entschuldigung für die sehr realen Verletzungen, die Christen ihm zugefügt hatten. Ich sprach auch über einige Verletzungen, die ich selbst erfahren hatte. Und ich sagte ihm, dass wir zwar ähnliche Erfahrungen gemacht hatten, aber völlig verschiedene Schlüsse daraus gezogen hatten. Statt mich von Gott abzubringen, hatten die Heuchelei und Sünde, die ich in der organisierten Kirche und im Leben mancher Christen gesehen hatte, mich dazu gebracht, zu Gott zu laufen, im Glauben meine Arme um seinen Hals zu werfen und mich an ihn zu klammern, weil ich wusste, dass er nicht so ist wie die Menschen, die mich verletzt hatten. Ich entschloss mich, Gott so kennenzulernen, wie er wirklich ist – nicht wie er von manchen Menschen gesehen oder dargestellt wird. Ich richtete mein Leben neu darauf aus, durch meine eigenen Worte, Taten und Entscheidungen widerzuspiegeln, wer Gott wirklich ist. Nie wollte ich sein wie *sie*, die mich verletzt hatten. Ich schloss mit einem eindringlichen Appell: „William, Gott liebt Sie. Lehnen Sie nicht ihn ab, weil andere Menschen Sie abgelehnt oder enttäuscht haben. Er ist nicht so wie diese Menschen. Lernen Sie ihn kennen, wie er wirklich ist, und beurteilen Sie ihn nicht nach dem falschen Bild, das manche Menschen von ihm vermitteln. Gott möchte, dass Sie ihn in einer persönlichen Beziehung der Liebe kennenlernen. Kommen Sie zu Gott zurück!"

Als wir uns verabschiedeten, beugte William sich vor und küsste mich auf die Wange. Obwohl wir einen guten Draht zueinander fanden und er sich mit Respekt anhörte, was ich zu sagen hatte, nahm ich keine Änderung in seiner Einstellung wahr. Als ich wieder in meinem Hotelzimmer ankam, liefen mir Tränen übers Gesicht – und ich glaube, es gab auch Tränen im Gesicht Gottes, der ihn liebt. Soweit ich weiß, ist William bei seiner Auffassung geblieben, dass es keinen Gott gibt. Er gab zwar unumwunden anderen die Schuld für die Entwicklung, die ihn zu seiner endgültigen Schlussfolgerung geführt hatte, doch ich fragte mich unweigerlich, ob er sich sein anhaltendes geistliches Exil nicht selbst auferlegt hatte.

Ich frage mich, ob auch Hagar in dieser Phase ihres Lebens eine hartnäckige Haltung hatte, die nicht nur ihren äußeren Irrweg verlängerte, sondern auch ihr geistliches Exil. Man hat fast den Eindruck, dass sie lieber sterben wollte, als demütig zu sein und Gott anzurufen …, dass sie sich weigerte, die Situation anders zu betrachten als nach ihren eigenen Vorstellungen. Vielleicht war sie der Meinung, dass Gott im Unrecht war, wenn er Abraham und Sara zugestimmt hatte. Oder sie kam wie William zu dem Schluss, dass es vielleicht gar keinen Gott gab. Es kann sein, dass sie sich selbst einredete, sich die ganze Zeit über ihn getäuscht zu haben.

Ich bin Gläubigen begegnet, die an der Gegenwart und Macht Gottes in ihrem Leben zu zweifeln beginnen, wenn er ihre Gebete nicht dadurch beantwortet, dass er ihnen gibt, was sie wollen, wie sie es wollen und wann sie es wollen. Es ist, als würden sie verlangen, dass er sich ihnen beweist, indem er sich nach ihnen richtet und ihren Willen ausführt, statt umgekehrt. Sie können nicht glauben, dass ein guter und liebender Gott zulassen würde, dass sie durch die Wüste wandern …, dass sie an einem so harten und einsamen und schwierigen Ort zu kämpfen haben. Also ziehen sie den Schluss, dass er nicht gut und liebevoll ist. Oder sie wollen einfach nichts mehr von ihm wissen, wenn er nicht so handelt, wie sie es sich vorstellen. Oder sie ziehen sogar den Schluss, dass er gar nicht existiert.

Hagar erschien ihre schlimme Lage wahrscheinlich äußerst ungerecht, unberechtigt … *und unglaublich!* Ihre Welt wurde in jeder Hinsicht völlig auf den Kopf gestellt. Sie wurde von Menschen vertrieben, die sich nach Gottes Namen nannten, war von der Gemeinschaft mit Gottes Volk ausgeschlossen und befand sich nun im Exil, dem Tode nahe. Und das alles wegen etwas, das nicht sie, sondern ihr Teenager getan hatte. Bestimmt fühlte sie sich berechtigt, auf ihrer trotzigen Haltung zu beharren und weiter zu schweigen.

Wenn Hagar an einer hartnäckigen Einstellung festhielt, an Gottes Macht zweifelte, ihre Situation zu ändern, und deshalb nichts davon ahnte, dass er in diesem Moment in ihrem Leben gegenwärtig war, war ihre Täuschung von kurzer Dauer. Denn Gott antwortete auf Ismaels Ruf, indem er liebevoll, geduldig und sanft zu ihr sagte: „Was ist dir, Hagar?"[126] Ich nehme in dieser Frage einen ganz leisen Tadel wahr. Gott bat Hagar natürlich nicht um eine Auskunft. Er wollte sie veranlassen, ein Geständnis abzugeben, und sie ganz behutsam dahin führen, ihre eigenen Einstellungen und Verhaltensweisen zu hinterfragen. Im Grunde gab er ihr zu verstehen: *Hagar, warum bist du so hilflos und ohne Hoffnung? Erinnerst du dich nicht, dass ich der Gott bin, der dich sieht? Wie kannst du nach über zwanzig Jahren der Beziehung mit mir vergessen, dass ich nur ein Gebet weit entfernt bin? Warum betest du nicht, Hagar? Von Abrahams Familie magst du getrennt sein, aber nicht von mir. Ich habe dich nicht verlassen, auch nicht für einen einzigen Augenblick. Ich bin hier bei dir. Dein Exil von mir, Hagar, hast du dir selbst auferlegt.*

Liebe Gläubige-im-Exil, sind Gottes Worte an Hagar auch Gottes Worte an *Sie*? Haben Sie sich Ihr Exil von Gott selbst auferlegt? Bevor Sie diesen Gedanken von sich weisen, könnte es sich lohnen, einen Augenblick darüber nachzudenken. Da Gott eine Frage benutzte, um Hagars Aufmerksamkeit zu bekommen, bitten Sie ihn, bei den folgenden Fragen Ihre Gedanken zu lenken, während Sie über seine Gegenwart in Ihrer Situation nachdenken. Hören Sie dabei mit Ihrem Herzen auf das, was er Ihnen vielleicht sagen will …

> Denken Sie, dass Gott Sie verlassen hat, obgleich er sagt, dass er das nie tun wird?[127]
> Denken Sie, dass Gott Sie nicht mehr liebt, obwohl er sagt, dass seine Liebe nie aufhört?[128]
> Denken Sie, dass er sich nicht mehr um Sie kümmert, obwohl er sagt, dass er das ganz gewiss tun wird?[129]
> Denken Sie, dass die schlimme Art, wie Menschen Sie behandelt haben, richtig widerspiegelt, wie Gott Sie behandelt, obwohl er sagt, dass es nicht so ist?[130]
> Denken Sie, dass Ihre Situation seine Fähigkeiten übersteigt, die Dinge zu ändern, obwohl er sagt, dass er der Gott ist, der das Unmögliche tun kann?[131]

Ich frage mich, wie lange Sie Gott schon haben warten lassen, bevor Sie in Ihrer Wüste endlich zu ihm rufen wollen. Er weint bestimmt, wenn er sieht, wie Sie und ich zulassen, dass unser Ärger über andere Menschen auf unsere Beziehung zu ihm überschwappt; wie wir ihn für das verantwortlich machen, was uns widerfahren ist, und hartnäckig darauf beharren, dass es seine Schuld ist; wie wir uns über Menschen, die uns verletzen, so ärgern, dass wir auch über Gott verärgert sind. Kann es sein, dass Sie sich geistlich abgewandt haben – die Augen fest verschlossen, die Ohren auf taub gestellt, das Gesicht von ihm abgewandt – *absichtlich?*

Ein selbstauferlegtes Exil kann wie eine Gefängniszelle werden, die von innen zugesperrt ist. Der Schlüssel zu dieser Tür ist zwar ein einfacher, aber er kann so schwer sein, dass es schmerzt, ihn hochzuheben und zu benutzen, sodass wir uns nach einem anderen Schlüssel umsehen. Doch es gibt keinen anderen Schlüssel, der diese Tür aufschließen könnte. Der Schlüssel liegt in der Demut, aus unserer verzweifelten Lage heraus Gott aufrichtig anzurufen und zu bekennen, dass wir in unserem Elend gefangen bleiben, wenn er nicht kommt und uns rettet. Doch um diesen Schlüssel aufzunehmen, müssen wir unsere Herzenshärte und Hartnäckigkeit ablegen. Wir müssen unseren Stolz verwerfen. Unser Wunsch, aus dem Exil herauszukommen und in die Herrlichkeit seiner Gegenwart zu treten, muss stärker sein als der Wunsch, in unserer jetzigen Situation zu verharren.

Werden Sie den Schlüssel ergreifen? Gerade jetzt? Werfen Sie Ihren Stolz weg. Rufen Sie Gott an: *Hilf mir! Bitte!* Kommen Sie zu ihm. *Laufen Sie zu ihm.* Werfen Sie im Glauben Ihre Arme um den Hals Ihres Erlösers. Bitten Sie ihn, Sie aus einer so elenden Existenz zu retten. Bitten Sie ihn um Vergebung für Ihr eigenes Unrecht, und hören Sie auf, anderen ihr Unrecht vorzuwerfen. Bitten Sie ihn dann, Sie neu zu erfüllen und zu beleben und Sie nach seinen Plänen und Absichten für Ihr Leben zu leiten.

Wenn Sie *Nein* sagen …, dann muss Ihre Hartnäckigkeit den Applaus der Hölle ernten. Ihr Schweigen muss im Himmel ohrenbetäubend klingen. Und wenn Gott seinen Mund auftut, um zu Ihnen zu sprechen, hat er dabei gewiss Tränen im Gesicht.

Wenn Sie *Ja* sagen …, dann wird Gott Himmel und Erde in Bewegung setzen, um zu Ihnen zu kommen. Ihr Exil wird zu Ende sein.

13

Der Wendepunkt

Was damals war, und was heute ist

Fürchte dich nicht; denn Gott hat gehört die Stimme des Knaben dort, wo er liegt. Steh auf, nimm den Knaben und führe ihn an deiner Hand; denn ich will ihn zum großen Volk machen.
1. Mose 21,17-18

Eine Diät zu halten fällt mir schwer, denn ich esse viel zu gern! Ich liebe den Geschmack des Essens und das Wohlgefühl, das es bringt. Wenn ich also ganz auf Essen verzichten oder weniger essen soll, brauche ich dazu eine sehr starke Motivation. Und diese Motivation bekomme ich gewöhnlich, wenn ich auf die Waage steige oder in den Spiegel schaue. Der Augenblick der Wahrheit – dass ich mehr Gewicht auf die Waage bringe, als sich gut anfühlt oder gut aussieht – stellt mich vor eine Entscheidung. Ich kann in meinem kläglichen und unangenehmen Zustand verharren, indem ich meine Pfunde unter langen, legeren Kleidern verstecke und ständig darüber rede, dass ich ein paar Kilos loswerden sollte, oder ich kann meine Essgewohnheiten ändern. Ich muss an einen Wendepunkt kommen. Mein Wunsch, Gewicht zu verlieren, muss stärker sein als mein Wunsch, diese gebratenen Zwiebeln oder gegrillten Hähnchen oder gebackenen Kartoffeln oder frittierten Shrimps oder geschmorten Okraschoten oder gebratenen grünen Tomaten oder gerösteten Was-auch-immer zu verspeisen. Der Kampf gegen den Bauch ist ein Kampf meines Willens. Ich muss nicht nur entscheiden, dass der Augenblick gekommen ist, mich zu ändern, sondern ich muss dann auch meinen Willen ausüben und die Änderung durchziehen. Es wirklich machen!

Dasselbe gilt, wenn ich auf meinem geistlichen Weg eine Verletzung abbekomme. Ich muss an einen Wendepunkt kommen, an dem es mir wichtiger ist, geheilt zu werden, als verletzt zu sein. Denn um ganz ehrlich zu sein, gibt es einige Wunden, die ich gepflegt habe. Manchmal fühlt es sich gut an, sehr verletzt zu sein. Ich kann ein krankes Vergnügen daran finden, ständig wiederzukäuen, was andere gesagt oder getan haben, um mich zu verletzen, und dabei jedes Mal meine eigene Unschuld bekräftigen und mich dem Selbstmitleid hingeben. Es gibt mir ein falsches Wohlbefinden, wenn ich mir selbst Mitgefühl und Trost und Verständnis zuspreche, wenn ich mir sage, dass diese Tränen ja schließlich *berechtigt* sind! Doch auch wenn Trauer oft angemessen ist, kann die Einstellung, aus meinen Wunden ein Recht abzuleiten, dazu führen, dass ich in einer geistlichen Wüste umherziehe, mich weinend unter einem Strauch kauere und mit meinem Leben keinen Schritt weiterkomme. Irgendwann muss ich entscheiden, ob die Wunden es wert sind, daran festzuhalten. Die Verletzung gehört der Vergangenheit an. Das war damals; jetzt geht es um heute.

Ich glaube, Hagar hatte diesen Wendepunkt auf ihrem Weg erreicht. Sie musste entscheiden, ob sie wirklich willens und bereit war, sich zu ändern. Sie musste aufhören zu schluchzen, aufhören, gegen die Menschen, die sie verletzt hatten, zu kämpfen – gedanklich, emotional und geistlich – und einfach still sein. Sie musste sich die realen Gegebenheiten ihrer aktuellen Lage eingestehen, um mit dem Rest ihres Lebens weiterzukommen. Aus welchen Gründen auch immer war sie an diesen Punkt gekommen. Ich frage mich, ob sie in ihrer Erschöpfung einfach zu müde war, um auch nur einen weiteren Schritt zu tun, einen weiteren Gedanken zu fassen, irgendeine Entscheidung zu treffen.

Gott versteht. Jahre später rannte ein anderes seiner verwundeten Kinder in der Wüste um sein Leben.[132] Der Prophet

Elia hatte gerade durch Gottes übernatürliches Eingreifen die Baalspropheten auf dem Berg Karmel bezwungen. Dann betete er, und die dreijährige Dürreperiode, die sein Land geplagt hatte, endete in einem heftigen Regen. Doch statt für Elias starken Dienst dankbar zu sein, geriet die gottlose Königin in Rage und setzte eine Belohnung aus für den, der ihr den Propheten brachte – tot oder lebendig. Und so floh Elia.

Als er schließlich unter einem Ginster zusammenbrach, betete er darum, zu sterben. Er war so erschöpft und ausgebrannt, dass er einschlief. Durch eine sanfte Berührung wachte er auf und sah, dass der Engel des Herrn ihm einen Krug Wasser gebracht und über einem Feuer frisches Brot geröstet hatte. Elia aß und trank und schlief wieder ein. Ein zweites Mal rührte der Engel des Herrn ihn an. Liebevoll und mitfühlend zeigte er ihm das gütige Herz des Vaters: „Steh auf und iss! Denn du hast einen weiten Weg vor dir."[133]

Wenn Gott Elia mitfühlend und gütig begegnete – und das tat er –, warum denken Sie dann, dass er Ihnen Ihre Schwachheit, Erschöpfung und Verletztheit zum Vorwurf machen würde? Gott versteht Sie. Aber er lässt Sie nicht in diesem ausgelaugten Zustand stehen. Elia hatte solche Angst um sein Leben, dass er, nachdem er gegessen und getrunken hatte, weitere vierzig Tage lang lief. Aber er konnte Gott nicht davonlaufen, der am Ende des Weges auf ihn wartete und sanft fragte: „Was machst du hier, Elia?"[134] In der nun folgenden bemerkenswerten Begegnung brachte Gott Elia an einen Wendepunkt – Elia musste für die Zukunft zwischen einem Leben in Angst und einem Leben im Vertrauen auf Gott wählen. Elia beschloss, seine Ängste und sein Gefühl des Versagens abzulegen und voranzugehen, um den Auftrag zu Ende zu führen, den Gott ihm gegeben hatte.

Manchmal brauchen wir einen zusätzlichen Anstoß, um aus dem Sumpf herauszukommen, in dem wir gelebt haben.

Und das ist oft der Moment, in dem Gott in Erscheinung tritt. Er scheint still und geduldig zu warten, bis er weiß, dass wir am Wendepunkt angekommen sind. Dann gibt er uns diesen zusätzlichen Impuls, so wie er es bei Elia tat – und bei Hagar.

Gott beugte sich aus dem Himmel und sprach zu Hagar. Und die erste gute, gesunde Entscheidung, die sie traf, war, auf die Stimme Gottes zu hören. Schon der bloße Klang seiner Stimme zeigte, dass sie und Ismael doch nicht allein waren! Sie hatte panische Angst bekommen, dass sie allein in der Wüste sterben würden, und sich eingeredet, dass niemand in der Nähe war, der ihnen helfen konnte. Doch sie hätte sich nicht gründlicher täuschen können. Gott war bei ihr. Trotz ihrer hartnäckigen Weigerung, ihn anzurufen, sprach er sie an – indem er sie beim Namen rief: *Hagar …*

Seine Stimme muss wie eine kühle, erfrischende Brise gewirkt haben, die aus der Oase seiner Gegenwart wehte und ihre lähmende Angst beschwichtigte. Sein Zuspruch gab ihr Frieden ins Herz: „Fürchte dich nicht."[135] Augenblicklich wurde der Aufruhr in ihrem Herzen durch eine tiefe, innere Ruhe ersetzt. Wenn Hagar so war wie ich …

Ich habe erlebt, wie Gottes Wort die Dinge wendet, wenn ich in einem Strudel des Kummers und der Verzweiflung steckte. Nie werde ich vergessen, wie die erste Ehe meines Sohnes nach sieben Jahren mit einer Scheidung endete. Er war tief verwundet. Als mir erstmals bewusst wurde, dass seine Ehe vor dem Zerbruch stand, löste sein Schmerz heftige Schuldgefühle bei mir aus. Jeder elterliche Fehler, den ich je begangen hatte, kreiste durch meine Gedanken wie ein Horrorfilm, der sich in HD-Qualität ständig vor meinen Augen abspulte. Wie Hagar rollte ich mich innerlich zu einem emotionalen Knäuel zusammen und gab mir selbst die Schuld, weil ich so viel falsch gemacht hatte – und weil ich so vieles unterlassen hatte, was ich hätte tun können und sollen, um das Absterben dieser Ehe zu verhindern. Ich schrie zwar zu Gott, doch meine Selbstverurteilung übertönte alles, was er mir vielleicht sagen wollte.

Nach einer schlaflosen Nacht war ich von dem emotionalen Wirbelsturm erschöpft. Als mein Geist ruhig wurde, schlüpfte ich aus dem Bett und schlug meine Bibel auf. Diese Verse kamen mir entgegen und trafen mich ins Herz:

> Du Elende, Sturmbewegte, Ungetröstete!
> Siehe, ich will deine Steine in Bleiglanz legen
> und deine Grundfesten mit Saphiren bauen ...
> und deine Pforten aus Karfunkeln
> und alle deine Grenzmauern aus köstlichen Steinen.
> Und dein Sohn wird vom HERRN gelehrt,
> und der Friede deines Sohnes wird groß sein.[136]

Wie Hagar wurde auch mir plötzlich bewusst, dass Gott schon die ganze Nacht über bei mir gewesen war. Er wusste, dass ich „sturmbewegt" war – dass ein Wirbelsturm von Reue, Bedauern, Zorn, Frustration, Trauer und Angst über mich hinweggefegt war. Er hatte gehört, wie ich in mein Kissen schluchzte und ihn anflehte, etwas zu unternehmen. Der emotionale Schmerz war so groß gewesen, dass ich glaubte, nicht mehr atmen zu können.

Als er mich als die Elende ansprach, die untröstlich war, bestätigte er mir, wie innig er mich kannte, denn ich hatte keinem Menschen von meinem Kummer erzählt. Ich wusste, dass seine Verheißungen – über Grundmauern aus Saphiren, Zinnen aus Rubinen, Tore aus Kristall und Mauern aus Edelsteinen – sich auf Jerusalem bezogen, der Heimat der Kinder Gottes. Doch ich bezog sie auf meine Familie – dass Gott sie herrlich machen würde, wie ein funkelnder, juwelengleicher Ausdruck seiner Herrlichkeit. Tiefer Friede strömte in mein Herz, als Gott mir versicherte, dass mein Sohn in der Scheidungserfahrung vom Herrn gelehrt werden würde und auf lange Sicht nicht nur überleben, sondern sich zu einem stärkeren, geistlich gesünderen Menschen entwickeln würde.

Ich habe einen Pflock in diese Verheißung geschlagen, an dem ich inmitten weiterer Wirbelstürme festhalte, die gelegentlich über meine Familie hinwegfegen. Wie auch Hagar feststellen konnte, hat das Wort des Herrn mir Frieden gegeben, selbst im Blick auf vergangenes Versagen.

Wenn auch Sie sturmbewegt und untröstlich sind, holen Sie tief Luft. Könnte es sein, dass Sie nicht auf Gottes Stimme gehört haben? Wirklich zugehört haben mit der aufgeschlagenen Bibel vor Augen? Ich habe keinen Zweifel, dass er ganz nah bei Ihnen ist. Vielleicht hat er zugelassen, dass Sie in die Abwärtsspirale der Angst und Verzweiflung gerieten, damit Sie an einen Wendepunkt kommen. Manche Menschen beschreiben diesen Punkt als „das Ende der Fahnenstange". Es ist der Moment, wenn Sie den Kummer und das Leid so satthaben, dass Sie zu einer Veränderung bereit sind. Wenn Sie gerade einen solchen Punkt erreicht haben, habe ich eine gute Nachricht für Sie: Sie sind bereit für den nächsten Schritt.

Mit Frieden im Herzen und dem Zuspruch Gottes in den Ohren folgte Hagar der Aufforderung: „Steh auf, nimm den Knaben und führe ihn an deiner Hand."[137] Es war an der Zeit, nicht länger um ihre Sorgen zu kreisen, sondern sich wieder ihrem Sohn zuzuwenden. Sie musste den Blick von sich selbst, von ihren Umständen und von ihrer Vergangenheit abwenden und sich auf die Bedürfnisse eines anderen konzentrieren. Sie musste lernen, dass nicht alles mit *ihr* zu tun hatte – und auch nicht mit *ihnen.*

Das markanteste Beispiel für eine solche Abkehr vom emotionalen Schmerz sehen wir bei Jesus selbst, als er am Kreuz hing. Er litt nicht nur körperlich, als er mit Nägeln an die Holzbalken geschlagen wurde, sondern er litt auch emotional.

Vor der Kreuzigung wurden ihm die Kleider vom Leib gerissen. Er wurde nicht an einem entlegenen, abgeschiedenen Ort gekreuzigt, wo er fern von den Blicken anderer leiden konnte, sondern in aller Öffentlichkeit neben der Hauptstraße, die nach Jerusalem führte. Statt eines schnellen, schmerzlosen Todes durchlitt er einen langen, unerträglich qualvollen Tag unaussprechlicher Agonie, angenagelt an ein Kreuz.

Führen Sie sich das einmal vor Augen: Jesus – der Herr der Herrlichkeit, der helle Morgenstern, Gottessohn und Menschensohn, der Löwe von Juda, der Schöpfer des Lebens, das Licht der Welt, der Messias – hing nackt an einem Kreuz an der Hauptstraße nach Jerusalem, den Blicken der Passanten ausgesetzt, die gerade zum Markt gingen, um sich auf das Passafest vorzubereiten. Diejenigen, die Notiz von ihm nahmen, spotteten über die Inschrift über seinem Kopf, die ihn als König der Juden auswies. Und wie ging Jesus mit dieser öffentlichen Demütigung und Erniedrigung um? Er wandte seine Aufmerksamkeit anderen zu: seiner Mutter, die am Fuß des Kreuzes ausharrte,[138] und dem reumütigen Übeltäter, der an dem Kreuz neben ihm starb.[139]

In diesem Beispiel Jesu liegt eine starke Lektion. Er zeigt uns, dass ein Weg zur Bewältigung emotionaler Schmerzen darin besteht, uns auf die Nöte anderer zu konzentrieren – indem wir uns anderen zuwenden, die ebenfalls leiden, und ihnen helfen. Auf eine Weise, die wir nicht völlig verstehen, hilft es uns tatsächlich selbst, wenn wir anderen helfen, indem wir ihren Kummer und Schmerz lindern.

Die wunderbaren, behutsamen und konkreten Anweisungen, die Gott Hagar gab, zeigen uns das tiefe Mitgefühl seines Vaterherzens. Statt Hagar zu sagen, sie solle Wasser für Ismael holen oder ihn auffordern, mit dem Gejammer aufzuhören und lieber aufzustehen, weil es an der Zeit war, weiterzuwandern, sagte Gott zu Hagar: „Steh auf, nimm den Knaben und führe ihn an deiner Hand." Gott wusste, dass Ismael den Trost der physischen Berührung durch seine Mutter brauchte. Manchmal ist schon genug geredet worden und wir brauchen uns der anderen Person nur zuzuwenden und sie berühren. Eine Umarmung, eine Hand auf der Schulter oder ein liebevolles Tätscheln auf dem Rücken sagt mehr als Worte. Der Herr wusste, dass manchmal selbst ein Wunder nicht genügt; Menschen brauchen eine Berührung. Und so …

> befahl er nicht einfach, dass der Aussätzige geheilt sei, sondern streckte die Hand aus und berührte den Unberührbaren;[140]
> heilte er Petrus' Schwiegermutter auf ihrem Krankenbett von ihrem Fieber, indem er ihre Hand berührte;[141]
> gab er den zwei Blinden ihr Augenlicht zurück, indem er ihnen nicht nur sagte, dass ihr Glaube sie geheilt hatte, sondern indem er ihre Augen berührte;[142]
> hatte er Erbarmen mit seinen entsetzten Jüngern, indem er zu ihnen kam und sie berührte, nachdem sie ihn in seiner Herrlichkeit gesehen und die Stimme seines Vaters gehört hatten.[143]

Wer braucht eine persönliche Berührung durch Sie? Wer ist Ihr Ismael …, jemand, der Ihre helfende Hand braucht, um wieder aufzustehen? Wir sind offenbar schnell bereit, jemandem Geld zu geben oder eine Agentur anzurufen, die etwas unternehmen soll, oder eine Gemeinde zu bitten, sich zu engagieren, oder die Person einfach zu ignorieren. Doch vielleicht hat Gott Ihnen diese Person in den Weg gestellt, weil er weiß, dass Sie selbst aufgerichtet werden müssen, indem Sie andere aufrichten. Vielleicht wird der Moment, in dem Sie der anderen Person helfen, für Sie der Wendepunkt.

≈ 14 ≈

Ich kann sehen!

Ihr Tal könnte der Ort einer neuen Vision sein

Und Gott tat ihr die Augen auf, dass sie einen Wasserbrunnen sah. Da ging sie hin und füllte den Schlauch mit Wasser und gab dem Knaben zu trinken.

1. Mose 21,19

Ich erinnere mich noch gut an die Zeit, als ich selbst eine Talsohle erreicht hatte. Es war ein Tal tiefer Depression, äußerster Erschöpfung und geistlicher Dürre. Innerhalb von acht Monaten heirateten alle meine drei Kinder. Einen Monat vor seiner Hochzeit erfuhr mein Sohn, dass er lebensbedrohlich an Krebs erkrankt war und sich einer größeren Operation unterziehen musste. Zwei Monate später begann er mit der Bestrahlungstherapie. In demselben Zeitraum wurde meine Mutter fünfmal in einem lebensbedrohlichen Zustand ins Krankenhaus eingeliefert. Jedes Mal fuhr ich die vier Stunden, um bei ihr zu sein, sie durch die Krise zu begleiten und dann wieder nach Hause zu fahren. Ein starker Hurrikan fegte durch unsere Stadt, der unser Grundstück mit 102 gestürzten Bäumen zuschüttete. Sechs Wochen lang waren wir ohne Strom, und es dauerte über ein Jahr, bis wir das Chaos beseitigt hatten. Irgendwie gelang es mir, mitten in diesem Durcheinander meinen Terminplan als Autorin und Referentin einzuhalten.

Am Ende schrie ich verzweifelt zu Gott. Mein Gebet lautete etwa so: Gott, ich möchte nicht aufgeben, was ich in meinem Dienst tue. Ich möchte mich nicht in die Medikamente flüchten, die der Arzt mir angeboten hat, oder den Alkohol trinken, von dem die Leute sagen, dass er mich entspannen wird. Ich möchte nicht in Urlaub fahren, wo ich mich zwar körperlich erhole, aber in dieselbe Situation zurückkehre, die mich überfordert. Ich bitte nicht einmal um ein Wunder. Bitte, lieber Gott, ich brauche eine frische Berührung vom Himmel. Ich möchte eine frische Begegnung mit dir. Gib mir einfach nur Jesus!

Ich kann mich nicht mehr erinnern, wie ich in diesem Moment geführt wurde. Ich weiß nur noch, dass ich meine Bibel im Johannesevangelium aufschlug. Ich fing an, die Begegnungen zu betrachten, die Jesus mit einzelnen Menschen hatte. Während ich über diese Geschichten nachdachte, geschah etwas tief in meinem Inneren, und ich wusste, dass Jesus mir gerade ganz neu begegnete. Es hatte nichts Mystisches oder Geheimnisvolles an sich. Ich begegnete ihm einfach ganz neu auf den Seiten meiner Bibel.

Und das war der Moment, in dem meine Talsohle zum Ort meiner Vision wurde. Denn ich merkte in meinem Geist auf und dachte: Wenn Anne Graham Lotz, die Tochter eines Predigers, in ihrem Herzen verzweifelt nach einer frischen Berührung vom Himmel verlangen kann, könnte es dann nicht auch andere Menschen geben, die dasselbe Verlangen in ihrem Herzen haben? Menschen, die in der Gemeinde sitzen, dem Ablauf des Gottesdienstes folgen, äußerlich ihren Glauben bekunden, aber innerlich verzweifelt nach etwas hungern, ohne zu wissen, was sie so dringend brauchen und wo sie es finden können?

Die Vision wurde klarer, als Gott mir ans Herz legte, ganze Arenen anzumieten, um Großveranstaltungen mit dem Titel *Just Give Me Jesus*[144] anzubieten, die nur dazu dienen sollten, andere Frauen zu einer frischen Begegnung mit Jesus in seinem Wort zu führen, so wie ich es erlebt hatte.

Und so habe ich – nach drei Fehlstarts innerhalb von zwei Jahren, die mit viel Kummer, Mühe und Tränen verbunden waren – in den letzten dreizehn Jahren 35 Erweckungsveranstaltungen in größeren Städten Amerikas und der Welt gehalten. Einige Arenen waren überfüllt, andere ausgebucht und wieder andere nur halbvoll, doch *ausnahmslos* in jeder einzelnen Arena war Gott gegenwärtig und wirkte! Menschen erfuhren eine lebensverändernde Erweckung durch eine frische Begegnung mit dem unsichtbaren Jesus, dem Engel des Herrn – mit demselben Gott, der Hagar in der Wüste nachging und ihr an der Quelle begegnete.

Ich bezweifle, dass ich die Vision zu *Just Give Me Jesus* je bekommen hätte, wenn ich nicht selbst gerade eine Talsohle erreicht hätte. Lassen Sie nicht zu, dass Ihre Verletztheit oder Erschöpfung Sie blind für die Möglichkeiten macht, die Gott Ihnen in den Weg stellt. Lassen Sie sich von ihm die Augen dafür öffnen.

Gott ließ zu, dass Hagar an einen Tiefpunkt gelangte – dass sie alle Bequemlichkeit, Sicherheit, Ehre und Ansehen verlor –, bis sie buchstäblich im Staub lag und nichts und niemanden hatte, den sie um Hilfe bitten konnte. Sie war von Sünden eingeschlossen, die sich wie Berge auftürmten – Sünden des Pharao, Sünden Abrahams, Saras Sünden, ihre eigenen und die Sünden Ismaels. Doch das Tal wurde zum Ort ihrer Vision, als „Gott ... ihr die Augen auf[tat], dass sie einen Wasserbrunnen sah."[145]

Richtete Hagar sich langsam auf, vielleicht wischte sie sich die Tränen aus dem Gesicht und rieb sich die Augen, um noch mal hinzuschauen? Vielleicht dachte sie, wie so viele Wüstenwanderer vor und nach ihr, dass das Wasser, das ihre Augen zu sehen schienen, nur eine grausame Täuschung durch eine Luftspiegelung war. Vielleicht stolperte sie auf das Wasser zu, obwohl sie sicher war, dass es im nächsten Augenblick in der flimmernden Hitze der Wüste verschwinden würde, um dann festzustellen, dass sie tatsächlich die Hand in das kühle Nass tauchen und ihr Gesicht mit dem Wasser benetzen konnte

– Wasser! *Wasser in der Wüste!* Wie konnte das sein? Wieso hatte sie es vorher nicht gesehen? War die Quelle schon die ganze Zeit dagewesen, und sie hatte sie blind vor Tränen einfach nicht sehen können? Oder hatte Gott die Quelle auf übernatürliche Weise entstehen lassen, sodass Wasser aus dem staubigen Boden sprudelte, wie er später Wasser aus einem Felsen fließen ließ?[146]

Die Antwort auf diese Fragen erfahren wir nicht; wir wissen aber, dass Gott ihr die Augen öffnete, sodass sie etwas sehen konnte, was ihr vorher verborgen war. Und sie war bereit, hinzuschauen – eine Gelegenheit, eine Möglichkeit wahrzunehmen, die sie vorher nicht gesehen hatte. Und dann musste sie diese Gelegenheit ergreifen.

Was ist Ihre Talsohle? Ist es ein Tal …

der Verzweiflung oder Depression
oder Verlassenheit,
der Demütigung oder Hoffnungslosigkeit
oder Traurigkeit,
der Sünde oder Scham oder des Leids,
der Einsamkeit oder Trauer oder Lieblosigkeit,
der Frustration oder Angst oder des Versagens,
der Reue oder Schuld oder _____?
Ergänzen Sie hier, was Sie gerade bedrückt.

Statt zu kämpfen, Widerstand zu leisten oder die Fäuste gegen die Beschränkung, den Schmerz oder die Ungerechtigkeit zu ballen, sind Sie bereit, den Blick zu heben? Öffnen Sie die Augen. Vielleicht, nur vielleicht, könnte Ihr Tal zum Ort Ihrer Vision werden.

Als Danny und ich unsere Gemeinde verließen, um den jungen Pastor zu unterstützen, der aus unserer Sicht durch die Ältesten unnötig verletzt und missachtet worden war, gingen wir ins Exil, wie ich Ihnen schon berichtet habe. Doch wenn Danny und ich nicht in diesem geistlichen Tal gewesen wären, hätten wir nicht die Vision bekommen, bei der Gründung einer neuen Gemeinde zu helfen. Und ohne unsere Hilfe hätte der neue junge Pastor viel länger gebraucht, diesen Dienst aufzubauen, der inzwischen aufgeblüht ist. Und viele Menschen, deren Leben in diesen ersten Jahren von Grund auf gerettet und verwandelt wurde, hätten zumindest viel länger gebraucht, die Beziehung zu Jesus zu finden, die sie mit der Hilfe der Gemeinde beginnen konnten.

Immer und immer wieder hat Gott in meinem Leben aus Zerbruch Segen entstehen lassen. Doch zuerst musste ich die Augen öffnen, um sehen zu können. In gewisser Weise können sogar die Wunden selbst als Segen bezeichnet werden, denn ich habe entdeckt, dass ich zuerst selbst verwundet werden muss, um anderen Menschen, die verwundet wurden, echten Trost spenden zu können.[147] Wunden tun weh, aber sie werden auch …

> mein Mitgefühl vertiefen,
> meinen Glauben stärken,
> meine Sicht neu fokussieren,
> mein Herz weit machen,
> mein Verständnis erweitern
> und mein Urteilsvermögen fördern.

Selbst wenn ich nicht dieselben Wunden erlebt habe, unter denen andere leiden, scheinen der Zerbruch und der Schmerz in meinem eigenen Leben mich weicher zu machen und die wohltuende Liebe und Güte Gottes für andere leidende Menschen freizusetzen.

Während ich über diesen speziellen Teil der Geschichte Hagars schrieb, bat ich Gott, mir die Augen für andere zu öffnen, die vielleicht gerade leiden – Menschen, denen ich eine helfende Hand reichen und die ich geistlich aufrichten könnte. Er gab mir deutlich drei Menschen in den Sinn. Die erste Person war eine Frau, die über zwanzig Jahre lang meine spanische Dolmetscherin gewesen war; sie hatte gerade drei Monate mit täglichen Bestrahlungen gegen Schädelkrebs hinter sich. Der Zweite war ein junger Pastor, der kürzlich eine Anstellung bei der *Bowery Mission* im unteren Manhattan aufgegeben hatte, um am Hunt's Point in der Bronx eine Gemeinde zu gründen. Der Dritte war ein Mann, der vor neun Monaten seinen einzigen Sohn durch einen tragischen Skateboard-Unfall verloren hatte.

Da jede dieser Personen in einem entfernten Bundesstaat lebte, streckte ich meine Hand telefonisch aus. Alle drei erreichte ich gleich beim ersten Anruf. Ich hörte mir ihren Schmerz an, teilte ihnen ein Wort aus der Bibel mit, vergoss Tränen und betete mit ihnen. Am Ende jedes Gesprächs spürte ich, dass sie geistlich aufgerichtet worden waren. Ich weiß jedenfalls, dass ich alle drei in dieser Nacht im Gebet trug. Und ich bin überzeugt, dass ich ihren Blick nicht auf die herrlichen Sterne über ihnen hätte lenken können, wenn ich nicht zuerst selbst die Talsohle durchgemacht hätte, wenn ich nicht selbst von Zeit zu Zeit an einem Tiefpunkt gewesen wäre.

Ich weiß, wie es ist, so erschöpft und verwundet zu sein, dass es mir fast unerträglich erscheint, auch noch das Leid einer anderen Person an mich heranzulassen. Und doch kann genau diese Gelegenheit meinen eigenen Schmerz lindern und mir inmitten meiner eigenen Zerbrochenheit Freude schenken. Deshalb bete ich: *Herr, Gott Hagars, öffne mir die Augen, wenn ich in einem Tal bin.* Das hat er getan. Und er tut es immer wieder.

Eines Morgens, als ich mir gerade eine Tasse Kaffee holte, öffnete Gott mir die Augen für den matten, verletzten Ausdruck in den Augen der Barista, die mich bediente. Als ich nachhakte, fingen ihre Lippen an zu zittern; sie gab meine Bestellung ein, ohne zu antworten. Dann rief sie meine Bestellung einer anderen Frau hinter der Theke zu, während sie mir ein Zeichen gab, an die Seite der Theke zu kommen. Sie vertraute mir an, dass ihr Mann ihr gerade nach zwanzig Ehejahren unumwunden mitgeteilt hatte, dass er sich in eine andere Frau verliebt hatte. Was die Verletzung noch verschlimmerte, war die Tatsache, dass er gerade zusammen mit ihr einen neuen Mietvertrag unterzeichnet hatte, obwohl er bereits wusste, dass er sie nicht mehr liebte und nicht mehr mit ihr zusammensein wollte. Sie saß fest. Als sie sich nach einer Möglichkeit erkundigte, den Mietvertrag wieder zu kündigen, damit sie nicht mit einem Mann zusammenleben musste, der offen über seine Leidenschaft für eine andere Frau sprach, erfuhr sie, dass eine Kündigung ihre finanziellen Möglichkeiten überstieg. Inzwischen rannen ihr Tränen übers Gesicht und sie sagte: „Anne, ich weiß einfach nicht, was ich tun soll."

Ich legte meinen Arm um sie, und wir weinten gemeinsam. Dann betete ich mitten im Kaffee-Shop und bat den Gott Hagars, nach dieser lieben Frau zu sehen, ihren inneren Schrei zu hören und ihr die Mittel zu geben, allein für sich und ihren Teenager zu sorgen.

Tag für Tag und Woche für Woche suchte ich den Kontakt zu ihr, wenn ich den Kaffee-Shop betrat. Dann und wann, wenn gerade keine anderen Kunden im Laden waren, erkundigte ich mich, wie es ihr ging. Jedes Mal sah ich wieder den Schmerz in ihren Augen und den leblosen Ausdruck in ihrem Gesicht. Wieder und wieder sagte ich ihr, dass ich für sie betete. Ich erinnerte sie daran, dass wir Gott manchmal Zeit lassen müssen und ihm Raum geben sollten, zu wirken.

Etwa sechs Wochen nach unserer ersten Begegnung wartete ich gerade an der Theke auf meinen Kaffee, als sie aus dem

Hinterzimmer auftauchte; sie trat zu mir und umarmte mich. Mit funkelnden Augen und strahlendem Gesicht erzählte sie mir, dass Gott ihr Rufen gehört und ihre Gebete beantwortet hatte! Ein örtlicher Pastor, der ebenfalls den Kaffee-Shop besuchte, hatte von ihrem Dilemma erfahren; er hatte seiner Gemeinde von ihrer Not berichtet, und die Gemeinde hatte ihr ermöglicht, mit ihrem Sohn in ein neues Zuhause zu ziehen. Ich umarmte sie noch einmal, gab ihr einen High five und verließ den Shop voller Freude über die Güte und Großzügigkeit der Gemeinde Gottes, die ihr Jesus gezeigt hatte, der sie aus ihrer Wüstenerfahrung herausholte und ihr die Augen für den freudigen Trost seiner liebevollen Fürsorge öffnete.

Mehrere Monate später begrüßte die Barista mich wieder mit einem strahlenden Lächeln. Sie berichtete mir, dass sie den nächsten Schritt in ihrem Leben tun wollte, indem sie eine neue vielversprechende berufliche Laufbahn einschlug. Und das tat sie dann auch.

Als Hagar „hinging und den Schlauch mit Wasser füllte und dem Knaben zu trinken gab",[148] traf sie die Entscheidung, nicht nur die Augen zu öffnen, sondern auch in die Zukunft zu gehen, die Gott für sie bereithielt. Er hatte Hagar nicht nur an einen kritischen Wendepunkt kommen lassen, sondern ihr in ihrem Tal eine Vision gegeben. Doch was sie sah, war nicht nur ein Brunnen; sie bekam eine Vision für ihre Zukunft.

Als Gott Hagar anwies, Ismael aufzurichten, ihm zu begegnen und ihn zu berühren, ihn bei der Hand zu nehmen, fügte er eine überraschende Offenbarung hinzu: „Ich will ihn zum großen Volk machen."[149] In diesem Moment, in dem Wasser das war, was sie am meisten brauchte, wirkte seine Verheißung wie ein leise gesprochener Nachsatz. Doch sie öffnete ihr die Augen für die Hoffnung, dass sie und ihr Sohn eine Zukunft hatten. Von dieser Art von Hoffnung, die vom Tal aus gesehen wird, las ich erstmals in einem kleinen Buch, das zu einem

Klassiker geworden ist: *The Valley of Vision*. Das Buch ist eine Zusammenstellung von Gebeten, die vor langer Zeit von puritanischen Gemeindeleitern gesprochen und aufgeschrieben wurden. Ich bewahre es zusammen mit meiner Bibel an dem Platz auf, an dem ich jeden Morgen dem Herrn begegne. Diese Gebete sind eine reiche Segensquelle, weil sie oft wortgewandt meine eigenen Gefühle und Gedanken zum Ausdruck bringen.[150] Das folgende Gebet hat mir oft geholfen, zu verstehen, dass manchmal das verwundete, gebrochene Herz das gesegnete, geheilte Herz ist.

> Herr, hoch und heilig, sanft und demütig,
>> du hast mich in das Tal der Vision gebracht,
>> wo ich in der Tiefe lebe, aber dich in der Höhe sehe;
>> umgeben von meinen Bergen der Sünde schaue ich deine Herrlichkeit.
>
> Lass mich durch das Paradox lernen,
>> dass der Weg nach unten der Weg nach oben ist,
>> dass niedrig zu sein bedeutet, hoch zu sein,
>> dass das gebrochene Herz das geheilte Herz ist,
>> dass der zerknirschte Geist der jubelnde Geist ist,
>> dass die bußfertige Seele die siegreiche Seele ist,
>> dass nicht zu haben bedeutet, alles zu besitzen,
>> dass das Kreuz zu tragen bedeutet, die Krone zu tragen,
>> dass Geben Empfangen bedeutet,
>> dass das Tal der Ort der Vision ist.
>
> Herr, am Tag sind Sterne aus den tiefsten Brunnen zu sehen, und je tiefer der Brunnen, desto heller leuchten deine Sterne.

Lass mich dein Licht in meiner Dunkelheit finden,
   dein Leben in meinem Tod,
   deine Freude in meinem Kummer,
   deine Gnade in meiner Sünde,
   deinen Reichtum in meiner Armut,
   deine Herrlichkeit in meinem Tal.[151]

≈ 15 ≈

Nicht zurückschauen

*Sie kommen nicht weiter,
solange Sie in den Rückspiegel schauen*

Und Gott war mit dem Knaben. Der wuchs heran und wohnte in der Wüste und wurde ein Bogenschütze. Und er wohnte in der Wüste Paran und seine Mutter nahm ihm eine Frau aus Ägyptenland.

1. Mose 21,20-21

Haben Sie ständig mit Schuldgefühlen zu kämpfen und quälen sich mit Grübeleien darüber, was hätte sein können oder sein sollen, sodass Ihr Blick für die Zukunft durch Ihre nicht erfüllten Erwartungen der Vergangenheit getrübt wird? Wir können in Bitterkeit, Zorn und Groll so gefangen sein, dass wir unser gegenwärtiges Leben ruinieren und jede Hoffnung, die wir haben könnten, aus Verzweiflung aufgeben. Wir können sogar die Personen benennen, die das alles ausgelöst haben – die Menschen, die uns verletzt haben –, während wir in unser Unversöhnlichkeit verharren.

Kürzlich sah ich ein Fernsehinterview mit John Ramsey, dem Vater von JonBenét Ramsey, die im Alter von sechs Jahren am Heiligabend des Jahres 1996 auf tragische und mysteriöse Weise in ihrem eigenen Haus ermordet wurde.[152] Ihre Ermordung wurde bis heute nicht aufgeklärt. Herr Ramsey hätte die oben genannten Fragen aus gutem Grund mit Ja beantworten können. Er schilderte die Litanei des Schmerzes, den er und seine Familie durchmachten. Einige Jahre vor der Ermordung von JonBenét war seine älteste Tochter durch einen tragischen Autounfall ums Leben gekommen. Zu der unerträglichen Qual der Eltern über den Verlust ihrer zwei geliebten Töchter kamen die Wunden durch Polizeibeamte und Stimmen aus der Öffentlichkeit, die ihm und seiner Frau Patsy die Schuld für den Tod von JonBenét gaben. Zwölf Jahre nach dem Mord wurden alle Familienangehörigen nach einer DNA-Analyse von jeder Schuld freigesprochen, und die örtlichen Behörden entschuldigten sich in einer öffentlichen Erklärung für ihre unzulängliche Bearbeitung des Falles. Tragischerweise starb Patsy 2006 an einem Ovarialkarzinom, zwei Jahre bevor der Ruf ihrer Familie öffentlich wiederhergestellt wurde.

Nachdem er alles geschildert hatte, was er und seine Familie durchgemacht hatten, machte Herr Ramsey eine überraschende Aussage. Er sagte, dass er den Menschen vergeben hatte, die ihn verletzt hatten. Und als Grund gab er an, dass Vergebung ein Geschenk für ihn selbst war. Er räumte zwar ein, dass seine Vergebung die Schuldigen vielleicht nicht verändert hatte; aber er erklärte, dass er durch die Vergebung selbst frei wurde, in die Zukunft zu gehen. Und er wünschte sich, anderen Menschen mit tiefen Verletzungen zu helfen, dasselbe zu tun.

John Ramsey wusste etwas, das viele verwundete Menschen zu übersehen scheinen: Solange man zurückblickt, besteht die Gefahr, dass man den Weg nach vorn nicht sieht. Wenn wir darauf beharren, vorwärts zu fahren, während wir in den Rückspiegel schauen, werden wir unsere Zukunft zerstören und vielleicht auch die Zukunft unserer Familie und Angehörigen.

Diese Lebenslektion wird durch Abrahams eigenes Leben veranschaulicht, der sein Land, seine Angehörigen und seine Freunde verließ, um in die Zukunft zu gehen, die Gott für ihn bereithielt. Er nahm seinen Neffen Lot mit, der dieselbe Chance für die Zukunft hatte wie Abraham. Doch Lot fragte nie wirklich nach Gott. Er schien einfach mit Abraham mitzuziehen, auf der Suche nach dem Abenteuer. Der biblische Bericht über sein Leben vermittelt den Eindruck, dass er zwar Gottes Segen – besonders in materieller und finanzieller Hinsicht – wünschte, aber nie wirklich Wert auf eine Beziehung mit Gott legte.

Lots Prioritäten führten dazu, dass er sich dem Lebensstil der Stadt Sodom aussetzte, die so gottlos und böse war, dass sie Gottes Gericht auf sich zog. Als Gott Abraham die bevorstehende Vernichtung Sodoms ankündigte, betete Abraham anhaltend für die Errettung der Bewohner. Die Stadt Sodom war zwar nicht mehr zu retten, doch Gott beantwortete Abrahams Gebet damit, dass er zwei Engel sandte, die Lot, seine Töchter und seine Frau buchstäblich aus der Stadt schleppten, bevor diese zerstört wurde. Die Engel gaben Lot und seiner Familie eine sehr deutliche Anweisung: „Sieh nicht hinter dich … damit du nicht umkommst!"[153]

Während die Erde unter ihren Füßen bebte, öffnete sich über ihnen der Himmel unter dem Tosen des göttlichen Zorns, und das Feuer seines Gerichts regnete auf die Stadt. Alles in Sodom und der benachbarten Stadt Gomorrha wurde vernichtet, einschließlich der Menschen, der Gebäude und der Vegetation. Unter dicken schwarzen Rauch- und Schwefelschwaden, die ihnen in den Augen brannten und ihnen die Kehle zuschnürten, rannten Lot und seine Familie um ihr Leben. Doch „Lots Frau sah hinter sich".[154] Sie konnte das Leben, das sie geführt hatte, einfach nicht loslassen. Und so verlor sie alles – sogar ihr eigenes Leben und den Segen Gottes für ihre Kinder und Enkel auf Generationen hinaus. Von Lots Frau lernen wir, dass wir nicht vorwärts gehen können, solange wir zurückschauen. Wenn wir zurückschauen, werden wir zumindest ins Stolpern geraten.

Hagar hatte nun die Gelegenheit, vorwärts zu gehen. Taumelnd stand sie auf, wankte mit unsicheren Schritten hinüber zur Quelle, „füllte den Schlauch mit Wasser und gab dem Knaben zu trinken".[155] Bestimmt spritzte sie sich das Wasser ins Gesicht, während sie mit tiefen Zügen trank. Als das kühlende

Wasser sie neu belebte, wird sie einen Moment über das nachgedacht haben, was sie gerade gehört hatte. Drangen Gottes Worte nun in ihre von der Glut der Sonne noch benommenen Gedanken vor? Hielt sie mit hochgezogenen Augenbrauen und staunendem Blick beim Plätschern und Trinken inne, um sich auf den Gedanken zu konzentrieren, was Gottes Worte über Ismael tatsächlich bedeuteten?

Jahre zuvor, als Hagar vor ihrer grimmigen Herrin floh, hatte Gott versprochen, ihr eine unzählbare Schar von Nachkommen zu geben, wenn sie ihm gehorchte, indem sie zurückkehrte und sich Sara unterordnete. Doch was hatte Gott da gerade gesagt? In ihrem Eifer, Ismael Wasser zu geben und selbst zu trinken, hatte sie die Verheißung, die in dieser Anweisung lag, vielleicht nicht so genau gehört. Kam sie ihr nun mit überraschender Klarheit wieder zu Bewusstsein? Gott hatte gerade erklärt, dass er Ismael zu einem großen Volk machen würde.[156] Zu einem großen Volk! Das war mehr als nur viele Kinder und Enkel. Ein großes Volk bedeutete Ehre, Stellung, Respekt und Macht. Daraus ließ sich schließen, dass sie und ihr Sohn vielleicht eine aussichtsreiche, hoffnungsvolle und gesegnete Zukunft hatten!

Gewiss dachte sie immer wieder über Gottes Worte nach, deren Bedeutung sich in ihren Gedanken so rasch entfaltete wie die Blüte auf einem Kaktus nach dem Frühlingsregen.

> Plötzlich war ihre Hoffnungslosigkeit verflogen!
> Und sie *wusste* ...
> dass sie und Ismael die Wüste nicht nur überleben würden, sondern eine große und herrliche Zukunft vor sich hatten;
> dass Gottes Plan und Absicht für Ismaels Leben zwar anders war als für Isaaks Leben, aber jedenfalls kein zweitklassiger Plan;

dass sie Gott nicht bei Abrahams Zelten zurückgelassen hatte, und er sie nicht verlassen hatte;
dass Gott für sie da war und immer da sein würde – für sie, für ihren Sohn, für ihre Enkel und für alle ihre Nachkommen in jeder künftigen Generation.

Hagars Glaube und die damit verbundene Hoffnung für sie selbst und für Ismael waren nun auf Gottes Wort gegründet.

Als sie von Abraham weglief, war das nicht das Ende; es war der Beginn des besonderen Plans und der klaren Absicht Gottes für Ismaels Leben. Das Leben ihres Sohnes würde Bedeutung haben – Ismael hatte Gottes Segen für sein Leben also doch nicht verpasst. Der Gott Abrahams war auch der Gott Hagars. Der Gott Isaaks war auch der Gott Ismaels. Gott war nicht nur der Gott des inneren Kreises, sondern auch der Gott derjenigen, die am Rande stehen!

Das Beste von allem war, dass Hagar jetzt mit Sicherheit wusste, dass Gott nicht nur Abraham und Isaak liebte, sondern auch sie und Ismael. Hagars Herz war sicher voller Freude und Hoffnung, als sie die sonnenverbrannte, von Hitzeblasen übersäte Hand Ismaels ergriff und sie gemeinsam in die Zukunft gingen. Ich frage mich, ob sie mit ihren trockenen, rissigen Lippen flüsterte: *Ismael, hör mir zu. Mein Gott – unser Gott – hat uns gesehen, uns gehört und uns mit einer Wasserquelle versorgt. Und er hat uns eine Verheißung gegeben, Ismael. Komm, wir haben nun doch eine Zukunft.*

Es gibt kein Anzeichen dafür, dass Hagar je wieder zurückblickte. Sie lebte nicht mit bitteren Vorstellungen darüber, wie ihr Leben hätte verlaufen können, wenn sie gar nicht erst von Abraham ins Exil gegangen wäre. Allem Anschein nach ließ sie sich ganz auf die Zukunft ein, die Gott für sie und ihren Sohn hatte, obwohl diese Zukunft so ganz anders aussah, als sie es sich einmal vorgestellt hatte. Hagar musste die Vergangenheit und alle Pläne, die sie vielleicht einmal für ihr Leben geschmiedet hatte, loslassen, um in Empfang nehmen zu können, was Gott für sie hatte. Und um Gottes Verheißung vieler Nachkommen und die Hoffnung für Ismaels Zukunft zu ergreifen, „nahm [sie] ihm eine Frau".[157]

Gott erfüllte das Versprechen, das er Hagar gegeben hatte. Ismael heiratete und gründete eine eigene Familie. Zu seinen Nachkommen gehören die meisten arabischen Völker, die heute überall in der Welt leben, und alle Muslime. Zwar leben viele Nachkommen Ismaels in unserer heutigen Welt in Armut, doch niemand kann bestreiten, dass die von ihnen gegründeten Nationen mit nahezu unerschöpflichen Rohstoffquellen reich gesegnet wurden. Und auch wenn viele Nachkommen Hagars heute leiden, ist ihr Gott immer noch da und wartet geduldig..., weil Gott sie liebt.

Doch um die Fülle der göttlichen Verheißung und Absicht für sich und ihren Sohn zu empfangen, musste Hagar ihr Leben mit dem Blick nach vorn fortsetzen. Sie konnte genauso wenig vorwärtsgehen und dabei ständig an die Vergangenheit denken, wie Sie und ich mit dem Blick in den Rückspiegel Auto fahren können.

Als Sie und ich jung waren, hatten wir oft ein Bild vor Augen, wie unser Leben einmal aussehen sollte, wenn wir erst erwachsen wären ... ein Bild von unserem Beruf, unserer Familie, unseren Kindern. Wie haben Sie sich damals Ihr heutiges Leben vorgestellt? Ist das Gemälde Ihres Lebens so geworden, wie Sie es erwartet hatten? Oder wurde es verdorben – bekam es durch ein Handikap, Verletzungen, Ungerechtigkeit, Krankheit, Konkurs oder Verrat einen Riss?

Der Weg zur Heilung, der Weg zur Befreiung aus dem elenden Zustand des Schmerzes, ist *nicht* Rache. Er besteht nicht darin, *sie* – die Menschen, durch die Sie verletzt wurden – mit Schweigen zu strafen, abzuweisen oder auszuschließen.

Er besteht nicht darin, Gott abzulehnen und Ihren Glauben zu verlieren. Er besteht nicht darin, anderen die Schuld zuzuschieben und sich selbst als unschuldiges Opfer auszugeben. Rache, üble Nachrede, Selbstverteidigung, Fingerzeigen und Schuldzuweisung werden Ihren Schmerz nicht lindern. Gott sagt uns genau, wie wir geheilt werden. Das Heilmittel ist einfach, aber radikal: „Ertrage einer den andern und vergebt euch untereinander, wenn jemand Klage hat gegen den andern; wie der Herr euch vergeben hat, so vergebt auch ihr!"[158]

Sind Sie bereit, zu vergeben? Ihre Verletzung an Gott abzugeben, indem Sie denen vergeben, die Sie verletzt haben? Oft ist dieser Schritt das Letzte, was uns selbst einfallen würde. Irgendwie haben wir Angst, andere könnten mit dem, was sie uns angetan haben, davonkommen, wenn wir ihnen vergeben. Indem wir an unserem Zorn festhalten, haben wir das Gefühl, irgendwie Gott für das bezahlen zu lassen, was er zugelassen hat. Doch genau diese Ungerechtigkeiten und Wunden, die Gott in unserem Leben zulässt, können schlimmer werden als die Verletzung selbst, indem wir uns geistlich selbst zerstören, wenn wir uns seinem Heilmittel verweigern. Denken Sie daran: Sie können nicht vorwärts gehen, solange Sie zurückschauen.

Während eines kürzlichen Gesprächs mit zwei Ehepaaren bei einem Dinner wurde ich neu an die Notwendigkeit erinnert, zu vergeben, um vorwärtsgehen zu können. Beide Ehepaare hatten eine strategische Leitungsverantwortung in christlichen Organisationen und waren tief verletzt worden. Das eine Pastorenehepaar hatte eine große, einflussreiche Gemeinde geleitet, nur um dann wieder entlassen zu werden, weil sie „zu evangelikal" waren. Der Ehemann des anderen Paares war Präsident einer christlichen Hochschule gewesen; doch als er in einen Machtkampf innerhalb des Vorstands geriet, wurde er entlassen. Am Ende des Dinners bemerkte eine der Frauen wehmütig: „Anne, eines Tages, wenn wir Zeit haben, würde ich gern mit dir über Vergebung sprechen." Ich war mit den Umständen der extrem schmerzlichen und demütigenden Erfahrung, die sie und ihr Mann durch christliche Leiter machen mussten, recht gut vertraut, und so schoss ich rasch einen stillen Gebetspfeil ab, um Einsicht und Weisheit von Gott zu erbitten. Ich wusste, dass sie versuchte, vorwärts zu gehen, aber Mühe hatte, dieses entscheidende Hindernis zu überwinden. Ihre Bemerkung war ein Hilferuf.

Sie erzählte, dass jemand ihr gesagt hatte, sie müsse den Personen vergeben, die im Grunde das, was ihr Mann in siebenundzwanzig Jahren geleistet hatte, einfach aus seinem Leben ausradiert hatten. Natürlich hätte sie bereits gewusst, dass sie vergeben musste.[159] Doch dann hatte die Person, die sie an die Notwendigkeit der Vergebung erinnert hatte, noch etwas hinzugefügt – dass es ein Zeichen ihrer Vergebung wäre, wenn sie die Menschen, die sie verletzt hatten, so lieben könne, wie Gott sie liebte. Sie straffte sich leicht, als sie gestand: „Ich glaube nicht, dass ich das schaffe." Ich wusste, dass sie und ihr Mann zwar professionell vorwärts gingen, indem sie eine andere bedeutende Leitungsaufgabe übernahmen, aber ich wusste auch, dass sie persönlich und geistlich im Treibsand der Wunden ihrer Vergangenheit festsaß.

Ich antwortete offen und ehrlich, dass ich an ihrer Stelle auch nicht in der Lage wäre, die verletzenden Menschen so zu lieben, wie Gott es tat – jedenfalls nicht aus mir selbst heraus. C. S. Lewis schrieb: „Liebe ist kein liebevolles Gefühl, sondern ein ständiges Streben nach dem höchsten Wohl der anderen Person, soweit es sich erreichen lässt."[160]

Liebe ist eine Entscheidung – eine Wahl, die wir treffen, dem Wohlergehen der anderen Person den Vorrang vor unserem eigenen zu geben. Und Vergebung ist ebenfalls eine Entscheidung. Sie bedeutet nicht, so zu tun, als wäre ich nicht verletzt worden, oder zu behaupten, dass das Verhalten der anderen Person nicht falsch wäre. Sie bedeutet nicht, andere einfach davonkommen zu lassen, indem wir sie nicht zur Rechenschaft ziehen.

Ich wurde immer wieder gefragt: „Anne, wie hast du Heilung von deinen Verletzungen erfahren?" Die Antwort mag simpel erscheinen, aber sie ist wirksam: Das Heilmittel gegen Verletzungen ist Vergebung. Ich begnüge mich allerdings nicht mit der Entscheidung, zu vergeben. Sobald ich diese Entscheidung getroffen habe, gehe ich den nächsten Schritt, indem ich etwas für die Person tue, die mich verletzt hat.

Ich habe gelernt, dass Vergebung eine Willensentscheidung ist, die mir geboten ist. Wäre Vergebung nur ein Gefühl oder eine Emotion, könnte ich das Gebot nicht befolgen, denn ich kann meine Emotionen und Gefühle nicht unbedingt kontrollieren. Es ist schlicht und einfach eine Entscheidung. Würde ich nur denen Vergebung anbieten, die mich darum bitten oder die es verdienen und bei denen mir danach zumute ist, würde es, um ehrlich zu sein, einige Menschen geben, denen ich nie vergeben würde. Doch es ist eine Entscheidung, die ich treffe, weil Vergebung mir aus einem ganz einfachen Grund geboten wurde: Gott hat mir vergeben. Als Ausdruck meiner dankbaren Anbetung Gottes entscheide ich, anderen Menschen zu vergeben.[161]

Doch dann muss auf meine Entscheidung zur Vergebung ein Schritt folgen, der mir ein Opfer abverlangt. Ich muss etwas für die Person tun, der ich vergebe – etwas, das seinen Preis hat; etwas, das ich aus keinem anderen Grund tun würde, als nur, um Gott anzubeten – ihn, dessen eigener Akt aufopfernder, liebevoller Vergebung darin bestand, sein Leben für mich hinzugeben.

Als der Nachtisch serviert wurde, erzählte ich meinen Freunden die in Kapitel 8 geschilderte Geschichte über meine Entscheidung, mich neu taufen zu lassen, als meine Gemeinde meinen Bibelkurs abbrach. Ich traf zuerst die Entscheidung, der Gemeinde zu vergeben, dass sie Danny und mich aus unseren Leitungs- und Lehraufgaben entfernt hatte. Indem ich mich dann der Taufe durch Untertauchen unterzog, brachte ich meine Vergebung durch einen Akt opferbereiter Liebe zum Ausdruck. Dieser Schritt schien zwar für die Gemeinde keinen Unterschied zu machen, aber ich weiß, dass er für mich einen Unterschied machte, denn bis auf den heutigen Tag empfinde ich weder Groll, noch Bitterkeit oder Unversöhnlichkeit. Solche Gefühle habe ich einfach losgelassen. Kürzlich kam es sogar zu einer Zusammenarbeit ausgerechnet mit dem Mann, der den Vorsitz in der Gemeindeversammlung geführt hatte, die meinen Mann abwählte. Die Zusammenarbeit mit ihm fiel mir nicht schwer, denn meine damalige Entscheidung zur Vergebung hatte im Lauf der Jahre auch echte Gefühle der Vergebung hervorgebracht.

Als das Ehepaar schweigend vor mir saß, während der Kaffee in ihren Tassen unbeachtet erkaltete, spürte ich, dass sie wirklich zuhörten. Deshalb fuhr ich fort und erzählte von einer lieben Freundin namens Barb,[162] deren Mutter immer etwas an ihr auszusetzen hatte. Seit Barb ein kleines Mädchen war, hatte ihre Mutter alles kritisiert, was sie anfing. Barb gestand mir, dass ihr jedes Jahr schon Monate vor Weihnachten schlecht war, weil die Suche nach dem erwarteten Geschenk so traumatisch war. Was immer sie auch schenkte, es würde ihrer Mutter nicht gefallen. Allein aus diesem Grund war Weihnachten für sie schrecklich.

Barb und ihre Mutter führten mit anderen Familienangehörigen ein Unternehmen. In einem bestimmten Jahr führte Barbs Mutter sogar einen Prozess über geschäftliche Angelegenheiten gegen ihre eigene Tochter. Genau in dieser Zeit zog Barbs Mutter aus dem Haus, in dem sie jahrzehntelang gewohnt hatte, in eine Doppelhaushälfte um – und Barb half ihr beim Umzug! Als wäre das nicht schon genug, war Barb mit ihren fabelhaften Nähkünsten auch noch bereit, die Vorhänge und andere Dinge für das neue Zuhause ihrer Mutter zu nähen.

Barb tauchte eines Morgens bei mir zuhause auf, und ich erinnere mich noch, wie ich sie ungläubig anschaute. Sie stand vor meiner Haustür und ich fragte sie ohne Umschweife: „Barb, wie kannst du das tun? Wie in aller Welt kannst du deiner Mutter helfen, für sie nähen und all diese anderen Dinge tun, während sie dich vor Gericht verklagt?" Barbs Antwort werde ich nie vergessen. Darin lag eine Lebenslektion, die ich nun im Restaurant den anderen weitergeben konnte.

„Anne, ich habe meiner Mutter vergeben", entgegnete sie. „Aber ich muss sagen, dass ich jedes Mal, wenn ich an meine Mutter denke oder sie sehe oder ihre Stimme höre, ihr neu vergeben muss. Jesus hat mich gelehrt, siebzig mal sieben Mal zu vergeben – meiner Vergebung keine Grenzen zu setzen. Doch als ich die Entscheidung traf, ihr zu vergeben, beschloss ich auch, sie opferbereit zu lieben. Indem ich ihr helfe, zeige ich ihr, dass ich ihr vergeben habe und sie liebe. Und das hat mir tatsächlich geholfen, loszulassen. Ich bin von Bitterkeit, Zorn und Groll frei geworden."

Ich sah Barbs gütigen Gesichtsausdruck, das Licht der Freude in ihren Augen, und wusste, dass sie die Wahrheit sagte. Sie war frei – frei, zu vergeben; frei, zu lieben. Ihre Wunden waren geheilt!

Als wir nach dem Dinner zu unseren Autos gingen, trat der Ehemann der Frau, die mir die Frage gestellt hatte, an meine Seite, legte mir den Arm um die Schulter und flüsterte: „Danke. Danke für deinen Dienst an uns heute Abend." Nach dem Ausdruck in seinem Gesicht zu urteilen, hatte er den ersten Schritt heraus aus dem Exil getan. Er war bereit, vorwärts zu gehen.

Unterschätzen Sie nicht die Kraft der Vergebung in Ihrem eigenen Leben. Andere mögen distanziert, hartherzig, kalt oder nachtragend bleibend und nur negativ auf Ihre Vergebung reagieren – falls sie überhaupt irgendeine Reaktion zeigen –, doch Ihr Akt der Vergebung, der ein sichtbarer Ausdruck Ihrer opferbereiten Liebe ist, wird den Heilungsprozess *in Ihnen* einleiten. Und manchmal bewirkt er tatsächlich auch in der anderen Person eine Veränderung.

Obwohl damals nichts darauf hindeutete, berührte Barbs Vergebung und Liebe das Herz ihrer Mutter. Nachdem Barb die Entscheidung getroffen hatte, vorwärts zu gehen, durfte sie innerhalb weniger Jahre ihre Mutter begleiten, selbst Gottes Liebe anzunehmen und durch den Glauben an Jesus Vergebung zu empfangen. Nicht lange danach ging ihre Mutter in die Ewigkeit. Ich kann mir nicht einmal vorstellen, wie anders Barbs Leben heute aussehen würde, wenn sie damals nicht entschieden hätte, *aus Liebe zu Gott* ihrer Mutter zu vergeben und dies auch durch ihre Liebe zum Ausdruck zu bringen.

Und das ist die biblische Grundlage für Barbs Lektion: „Daran haben wir die Liebe erkannt, dass Er sein Leben für uns gelassen hat; und wir sollen auch das Leben für die Brüder lassen ... Meine Kinder, lasst uns nicht lieben mit Worten noch mit der Zunge, sondern mit der Tat und mit der Wahrheit ... Und das ist sein Gebot, dass wir glauben an den Namen seines Sohnes Jesus Christus und lieben uns untereinander, wie er uns das Gebot gegeben hat."[163]

Diese Liebe ist oft mit Vergebung und Opfern verbunden, nicht wahr? Es gab nie einen größeren Beweis aufopfernder Liebe – und wird es auch nie geben – als in dem Moment, als *Jesus Christus sein Leben für uns gab*. Für Sie. Für mich. Und er brachte dieses Opfer zu einer Zeit, als es uns nicht gleichgültiger hätte sein können, denn wir wussten nicht einmal, dass wir Sünder waren, und schon gar nicht, dass wir einen Erlöser brauchten, der uns durch sein eigenes am Kreuz vergossenes Blut Vergebung ermöglichte.

Dieses Prinzip teilte ich Jay mit, einem anderen Freund, der tief verletzt worden war.[164] Er war ein Senator der Vereinigten Staaten, der bei seiner Wiederwahl als so starker Kandidat galt, dass er fast unangefochten kandidierte. Doch in letzter Minute erklärte ein anderer seine Kandidatur. Ein Senator-Kollege sammelte Millionen Dollar aus außerstaatlichen Einnahmequellen für Jays Herausforderer. Ein nationales Marketingteam wurde für den Gegenkandidaten engagiert, das es mit der Wahrheit nicht so genau nahm und Jays bisherige Leistungen verdrehte und verfälschte. Jay verlor das Rennen.

Als ich zwei Jahre später die Gelegenheit hatte, mit Jay über diese verhängnisvolle Wahl zu sprechen, war ihm die Verletzung immer noch anzumerken. Er fragte mich geradeheraus, wie er über die Verletzung hinwegkommen könne, obwohl seine politische Karriere auf so unfaire Weise beendet worden war. Er räumte ein, dass er mit Verbitterung zu kämpfen hatte. Deshalb teilte ich Jay das Prinzip mit, sich zur Vergebung zu entscheiden und der Person, die ihn verletzt hatte, mit aufopfernder Liebe zu begegnen.

Mehrere Monate später berichtete Jay, dass er zuhause über meine Worte nachgedacht hatte und zu der Entscheidung gekommen war, seinem Senator-Kollegen zu vergeben. Dann erfuhr er, dass die Frau seines Kollegen Krebs im Endstadium hatte. Jay schrieb eine einfühlsame Karte, um seinem ehemaligen Kollegen zu sagen, dass er für ihn und seine Frau betete, und schickte die Karte zusammen mit einem Geschenk, um seine Anteilnahme auszudrücken. Jay wusste nicht, ob seine Geste seinen Kollegen berührt hatte, aber Jay selbst war von Bitterkeit frei geworden. Er schaute nicht mehr zurück, sondern ging vorwärts, bereit für die Zukunft, die Gott für ihn hatte, auch wenn sie anders war, als er selbst es sich vorgestellt hatte.

Auch wenn Sie vielleicht nicht physisch im Exil leben – vielleicht gehen Sie weiter in den Gottesdienst, besuchen einen Bibelkurs, nehmen an Gemeindeaktivitäten teil –, könnte es sein, dass Sie sich geistlich dennoch im Exil befinden, weil Sie im Treibsand vergangener Verletzungen steckenbleiben? Ist eine kühle Leere an die Stelle der herzlichen Liebe und Begeisterung getreten, die Sie einmal für die Dinge Gottes und seine Menschen hatten? Gibt es eine Wurzel der Bitterkeit, die Ihren Geist innerlich erstickt und die Zukunft zu vereiteln droht, die Gott eigentlich für Sie bereithält?

Unser Herr Jesus Christus – der Schöpfer aller Dinge, der Herr der Herrlichkeit, der Sohn Gottes, der Engel des Herrn, der Hagar nachging, sie tröstete und ihr half – vermittelt uns durch sein eigenes Beispiel eine eindringliche Lebenslektion über Vergebung. Als er, seiner Kleider beraubt, an Händen und Füßen an ein Kreuz genagelt wurde, betete er: „Vater, vergib ihnen; denn sie wissen nicht, was sie tun!"[165] Wenn er sogar den Menschen vergeben konnte, die ihn kreuzigten, wie können Sie und ich den Menschen unsere Vergebung vorenthalten, die uns verwunden? Aber er traf nicht nur die Entscheidung, ihnen zu vergeben: *Er starb für sie!*

Kürzlich hörte ich eine Aussage, die meinem lieben Freund Crawford Loritts zugeschrieben wird.[166] Sie bezieht sich auf den Bericht über das Erscheinen Jesu nach seiner Auferstehung bei den Jüngern, die in einem Obersaal versammelt waren. Jesus zeigte den Jüngern seine Wunden und forderte sie auf, diese zu berühren.[167] Crawford bemerkte, dass Jesus den Jüngern dadurch vielleicht unter anderem zeigen wollte, dass zwar Narben zurückbleiben mögen, aber die Wunden selbst geheilt werden können. Sogar schnell. Man braucht dazu nicht unbedingt eine jahrelange Therapie oder Seelsorge.

Vielleicht ist das, was Sie am meisten brauchen, eine frische Begegnung mit dem auferstandenen Herrn Jesus Christus. Betrachten Sie eingehend die Wunden, die er für Sie getragen hat. Auf seine Entscheidung, Ihnen zu vergeben, folgte eine aufopfernde Tat der Liebe. Er starb *für Sie!*

Wenn Sie Mühe haben, voranzukommen, weil Sie die Augen nicht von der Vergangenheit abwenden können, blicken Sie auf. Betrachten Sie das Beispiel des Herrn, der die Entscheidung traf, seinen Peinigern zu vergeben, und auf diese Entscheidung einen höchsten Akt aufopfernder Liebe folgen ließ.

Und vergessen Sie nicht, nach vorn zu blicken. Jesus wird zwar immer an seinem Körper die Narben von Golgatha tragen, aber er ging weiter, um all das anzunehmen, was sein Vater nach dem Kreuz für ihn bereithielt. Er trat aus dem Grab, stieg auf in die Herrlichkeit des Himmels und empfing die Krone, die ihn als „König der Könige und Herr der Herren"[168] erwartete.

Und so bete ich, „dass der Gott unseres Herrn Jesus Christus, der Vater der Herrlichkeit, [Ihnen] gebe den Geist der Weisheit und der Offenbarung, ihn zu erkennen. Und er gebe [Ihnen] erleuchtete Augen des Herzens, damit [Sie] erkenn[en], zu welcher Hoffnung [Sie] von ihm berufen [sind], wie reich die Herrlichkeit seines Erbes für die Heiligen ist".[169] Blicken Sie auf! Schauen Sie nach vorn! Verpassen Sie nicht die Zukunft, die Gott für Sie hat, indem Sie ständig zurückschauen.

~ 16 ~

Es ist Zeit, weiterzugehen

Versöhnung ist möglich

Das ist aber Abrahams Alter, das er erreicht hat: hundertfünfundsiebzig Jahre.

Und Abraham verschied und starb in einem guten Alter, als er alt und lebenssatt war, und wurde zu seinen Vätern versammelt.

Und es begruben ihn seine Söhne Isaak und Ismael in der Höhle von Machpela auf dem Acker Efrons, des Sohnes Zohars, des Hetiters, die da liegt östlich von Mamre auf dem Felde, das Abraham von den Hetitern gekauft hatte. Da ist Abraham begraben mit Sara, seiner Frau.

1. Mose 25,7-10

Verletzungen zersetzen Beziehungen. Wir können nie zu dem Miteinander zurückkehren, das wir vor der Verletzung hatten, und diese Tatsache fügt unserer Trauer eine weitere tiefe Dimension hinzu. Doch es ist möglich, dass selbst getrennte Beziehungen wieder versöhnt werden können.

Jahrelang hatte ich eine beste Freundin. Wir telefonierten fast jeden Tag und nutzten jede Gelegenheit, Zeit miteinander zu verbringen, was unsere beiden Familien bei vielen fröhlichen Begegnungen zum Picknick, in den Ferien oder zu besonderen Anlässen vereinte. Doch eines Tages stand ich hilflos daneben, als meine Freundin durch eine andere Person tief verletzt wurde und sich entschied, Vergeltung zu üben. Sie hatte viele Freunde und Angehörige, die sie dazu anstachelten. Doch ich wollte gehorsam befolgen, was Gott mir ins Herz gegeben hatte, und treu nach der Einsicht handeln, die ich im Gebet empfangen hatte, und so warnte ich sie vor den Konsequenzen ihres Handelns. Auch wenn sie zu diesem Vorgehen berechtigt war, ging ich davon aus, dass die langfristigen Auswirkungen außerordentlich zerstörerisch sein würden, nicht nur für sie selbst, sondern auch für ihre Kinder.

Was ich sagte, war nicht das, was sie hören wollte. Und so brach sie unsere Beziehung ab und zog ihre Absicht durch, die Person zu verletzen, die sie verletzt hatte. Als wäre eine Stichflamme auf einen Ventilator getroffen, so stieben die Funken ihrer Vergeltung in alle Richtungen und verbrannten Herzen und Hoffnungen und Familien und Zukunftspläne. Zwar hatte sie in gewisser Hinsicht jedes Recht, so zu handeln, aber die Folgen waren verheerend. Mir blieb nichts anderes übrig, als von ferne zu weinen und zu beten. Der Kummer in meinem Herzen war fast ein physischer Schmerz.

Jahre später saß sie an meinem Küchentisch und sagte unter Tränen und mit erstickter Stimme, wie leid es ihr tat. Sie bat mich um Vergebung und sagte, dass sie unsere Beziehung wiederherstellen wollte, wie sie früher einmal gewesen war. Auch ich weinte. Ich legte ihr die Hand auf die Schulter, umarmte sie und teilte ihr mit, dass ich ihr schon vor Jahren vergeben hatte.[170] Ich sagte ihr, wie sehr ich ihren Mut zu schätzen wusste, zu mir zu kommen und zu versuchen, die Dinge wiedergutzumachen; sich mit mir zu versöhnen. Doch ich wusste, schon während wir unsere Herzen füreinander öffneten, dass wir nie wirklich zurückkehren und die Beziehung zurückgewinnen konnten, die wir einmal hatten. Das war vorbei. Doch – und das ist die Ermutigung, die ich Ihnen weitergeben möchte – wir sind bis auf den heutigen Tag gute Freundinnen geblieben. Unsere Beziehung ist anders, aber herzlich. Ich glaube, sie wurde geheilt, weil meine Freundin bereit war, ihrem Stolz zu sterben und so demütig zu sein, mich um Vergebung zu bitten.

Kürzlich stieß ich auf ein Zitat von John Ortberg, das eine hilfreiche Unterscheidung zwischen Vergebung und Versöhnung trifft. „Man kann unterscheiden zwischen Vergebung als dem Verzicht auf mein Recht, Vergeltung zu üben, und Versöhnung, die das ehrliche Wollen beider Parteien voraussetzt."[171] Der erstaunliche Ausgang der Geschichte von Hagar ist, dass es offenbar zu einer Versöhnung zwischen beiden Parteien kam … zwischen ihrem Sohn Ismael und Saras Sohn Isaak.

Die Bibel sagt uns nicht, ob Hagar Abraham und Sara je wiedersah. Doch wir erhalten einen überraschenden Hinweis auf eine mögliche Versöhnung, die geschah, als „Abraham verschied und starb in einem guten Alter, als er alt und lebenssatt war, und wurde zu seinen Vätern versammelt. Und es begruben ihn seine Söhne Isaak und Ismael."[172] Isaak *und* Ismael – *wieder zusammen?*

Wie gern würde ich wissen: Waren Isaak und Ismael in all den Jahren in Kontakt geblieben? Hatte jeder die Ehefrau des anderen kennengelernt? Hatten ihre Familien zusammen gegessen? Gingen sie gemeinsam jagen? Gingen sie herzlich und freundlich miteinander um? Als Abraham starb, war es ganz natürlich, dass Ismael an der Beerdigung teilnahm? Oder hatten Isaak und Ismael einander seit jenem schrecklichen Tag vor so vielen Jahren, als Abraham Hagar und Ismael ins Exil schickte, nicht mehr gesehen? Wenn ja, was hätte Isaak veranlasst, nach so vielen Jahren mit Ismael Kontakt aufzunehmen? Versuchte er, indem er Ismael über den Tod Abrahams benachrichtigte, sich mit seinem Halbbruder zu versöhnen? Oder tat Isaak einfach das, was er für recht und angemessen hielt, als er Abrahams Erstgeborenen über den Tod seines Vaters in Kenntnis setzte?

Vielleicht war Isaaks Geste eher funktional – ein pflichtbewusstes Bemühen, seinen verstorbenen Vater zu ehren, von dem er wusste, dass er Ismael innig liebte. Ich frage mich, ob Isaak überhaupt erwartete, dass Ismael tatsächlich erscheinen würde. Doch das tat Ismael!

Indem er Ismael einlud, zur Beerdigung zu kommen, ging Isaak das Risiko ein, eine alte Wunde wieder aufzureißen. Doch manchmal müssen Wunden, die nicht richtig verheilt sind, aufgestochen oder neu geöffnet werden, um sie von einer Infektion zu reinigen und eine echte Heilung einzuleiten. So unangenehm der Gedanke sein mag, müssen Sie die Wunden

Ihrer Vergangenheit vielleicht noch einmal aufsuchen, damit sie wirklich geheilt werden.

Meine neunjährige Enkelin Sophia bekam irgendwie einen Splitter in ihren Handrücken – vor einem Jahr! Sie ließ nicht zu, dass irgendjemand – sei es ihre Mutter oder ihr Vater oder der Kinderarzt – die schmerzende Wunde auch nur berührte. Vor einigen Wochen bemerkten wir alle, dass der Splitter zu eitern begann und eine Blase auf dem Handrücken bildete, die zusehends schmerzte. Schließlich hatte meine Tochter genug. Sie wies Sophia an, stillzuhalten, und zog den hervorlugenden Splitter mit den Fingern heraus. Der plötzliche starke Schmerz ließ Sophia aufjaulen, doch dann lächelte sie vor Erleichterung, als der Schmerz, mit dem sie über ein Jahr gelebt hatte, fast augenblicklich aufhörte. Schon einige Tage später war jede Rötung verschwunden, sodass nichts mehr darauf hindeutete, dass sie je einen Splitter in der Hand gehabt hatte.

Wunden können so sein wie Sophias Splitter. Wir denken, dass wir damit leben können, aber sie verschwinden offenbar nicht von selbst. Nicht einmal die kleinen Wunden. Manchmal müssen wir eine Wunde wieder öffnen, um die Ursache des Schmerzes zu beseitigen, damit wir wirklich geheilt werden.

Vor einiger Zeit sprach ich mit einem gutaussehenden grauhaarigen Herrn namens David,[173] der überraschend offen war. Er teilte mir mit, dass er mit zwölf Jahren durch einen Babysitter vergewaltigt worden war, der in seiner Umgebung als reifer Christ galt. Jahrelang hatte David diese schreckliche Wunde tief in seinem Herzen vergraben. Doch irgendwann begann die Wunde zu eitern. Schuld- und Schamgefühle traten immer wieder unverhofft durch Wutanfälle zutage und führten am Ende zu Alkoholmissbrauch und Drogenkonsum.

Nachdem er eine tiefere Hingabe an Jesus vollzogen hatte, gewann er den Eindruck, dass er nun, als Erwachsener, seinen Vergewaltiger zur Rede stellen sollte. Das tat er dann auch.

David berichtete, was bei dieser Begegnung zwischen ihnen geschah und dass er zu Gnade und Vergebung bereit war. Doch der Vergewaltiger lehnte Davids Angebot vehement ab und beharrte auf seiner Behauptung, die Vergewaltigung habe nie stattgefunden. Traurig fuhr David nach Hause, ging auf die Knie und kehrte im Gebet noch einmal zu der hässlichen Szene zurück, die sich in seiner Erinnerung schon so oft abgespult hatte. Nur stellte er sich diesmal vor, wie Jesus in seinem Kinderzimmer gegenwärtig war und ihn unendlich liebevoll, vergebend und mit tiefer Empathie ansah, weil er wusste, wie es sich anfühlt, brutal misshandelt zu werden.[174] Und durch eine wahrhaft übernatürliche, frische Berührung von Gott wurde die Wunde, die jahrelang unerträglich geschmerzt hatte und noch heftiger schmerzte, als sie wieder aufgerissen wurde, endlich geheilt.

Wenn die Person, die Sie verletzt hat oder die durch Sie verletzt wurde, Ihre Worte oder Gesten der Vergebung ablehnt und nicht zu einer Versöhnung bereit ist, bringen Sie das im Gebet zu Jesus. Er versteht, wie es sich anfühlt, wenn jedes Bemühen um eine Versöhnung einfach abgelehnt wird. Die Beziehung selbst wird vielleicht nie versöhnt werden, aber Jesus kann Sie heilen – und Ihre Erinnerungen vom Schmerz befreien.

Isaak und Ismael hatten sicher lebhafte Erinnerungen an die Wunden, die zu ihrer Trennung geführt hatten. Falls es seit dem Exil von Hagar und Ismael – also seit etwa siebzig Jahren – keinen Kontakt mehr zwischen den Brüdern gegeben hatte, frage ich mich, wie dieser Moment gewesen sein muss, als sie sich schließlich von Angesicht zu Angesicht gegenüberstanden. Starrten sie sich verlegen an und traten von einem Fuß auf den anderen? Schüttelten sie einander förmlich die Hand? Begrüßten sie sich mit einer höflichen Umarmung und einem Kuss auf jede Wange, wie es im Nahen Osten üblich ist? Sagte Ismael:

„Es tut mir leid"? Oder tauschten sie einfach wissende Blicke aus, die keiner Worte bedurften? Vielleicht genügte es schon, dass Ismael gekommen war, um bei der Bestattung ihres Vaters zu helfen – in derselben Höhle, in der Abraham vor Jahren Sara beigesetzt hatte. Manchmal beginnt eine Versöhnung einfach mit einer kleinen Geste, nicht wahr? Mit einer zarten Ranke des Kontakts. Da ist einer bereit, den ersten Schritt zu tun, sich zuerst zu bewegen, das erste Wort zu sprechen.

Wenn Sie eine Beziehung haben, die durch Wunden zerbrochen wurde, wären Sie bereit, auf die andere Person zuzugehen, wie Isaak es bei Ismael tat? Einfach eine kleine Geste zu tun – einen kurzen Telefonanruf, einige Worte bei einer geselligen Zusammenkunft, einen freundlichen Augenkontakt, statt eines kalten Blicks. Tun Sie etwas, das der anderen Person zeigt, dass Sie ihr entgegenkommen und die Tür zur Versöhnung einen Spalt weit geöffnet haben. Sie können nie wissen, ob eine Versöhnung möglich ist, solange Sie sich nicht die Mühe machen, diesen Prozess einzuleiten.

Gibt es andererseits einen Menschen, der gerade versucht, auf Sie zuzugehen? Haben Sie selbst eine kleine Geste erfahren? Vielleicht kommt es an diesem Punkt Ihres Weges gar nicht mehr darauf an, wer verletzt hat oder verletzt wurde. Entscheidend ist die Tatsache, dass die andere Person Ihnen die Hand reicht und Sie antworten müssen. Warum tun Sie es nicht? Machen Sie es dem Anderen nicht so schwer, Ihnen entgegenzukommen.

Nach einiger Zeit wird dann mehr nötig sein als eine kleine Geste. Vielleicht braucht es ein ehrliches Gespräch von Angesicht zu Angesicht und von Herz zu Herz, bei dem Sie der anderen Person zuhören und Sie sich ihre Seite der Geschichte anhört. Wer weiß? Vielleicht werden Sie entdecken, dass ein beträchtlicher Teil des Problems auf einem Missverständnis oder einer Fehlinformation beruhte. Selbst wenn das Gespräch ergibt, dass Sie total im Unrecht waren oder dass der Fehler ausschließlich bei der anderen Person lag, müssen Sie Ihre Entschuldigung oder Vergebung aussprechen. Lassen Sie sich nicht durch Stolz von einer echten Versöhnung abhalten. Und das ist der Punkt, an dem etwas sterben muss, nicht wahr? Ihr Stolz muss sterben.

Ich weiß, dass ich ein Mensch bin, der andere verletzt hat. Und ich wurde selbst verletzt. Ich weiß aber auch: Wenn irgendeine Hoffnung besteht, dass es in der zerbrochenen Beziehung zu einer Versöhnung kommt, dann muss jemand den ersten Schritt tun. Mein Stolz wird gewiss protestieren: *Die Anderen müssen zu mir kommen. Was sie mir angetan haben, war viel schlimmer als alles, was ich ihnen je hätte antun können. Ich hatte gar nicht die Absicht, sie zu verletzen; aber sie haben absichtlich versucht, mir zu schaden. Sie müssen zuerst ihr Unrecht wiedergutmachen.* Es muss also einen Tod geben. So wie Abrahams Tod offenbar zum Anlass der Versöhnung zwischen Isaak und Ismael wurde, ist der Tod auch der Auslöser einer Versöhnung zwischen den Menschen, die mich verletzt haben, und mir. *Mein* Tod. Ich muss meinem Stolz sterben und die Position aufgeben, der Betroffene zu sein, den die anderen um Vergebung bitten müssen.

Ich muss für andere so offen sein, wie Jesus für mich offen ist.

Ich muss andere, die mich abgelehnt haben, so lieben, wie Jesus mich liebt.

Ich muss die Initiative zu dem Kontakt ergreifen, wie Jesus es bei mir getan hat.

Ich muss den anderen vergeben, schon bevor sie mich überhaupt darum bitten, wie Jesus mir vergeben hat.

Und das habe ich getan. Ich habe leise an die Tür der Hoffnung geklopft, um einen Anfang zu machen – durch einen kurzen Anruf, eine E-Mail, eine Tasse Kaffee bei Starbucks, ein kleines Souvenir im Briefumschlag. Ist jede Beziehung geheilt und versöhnt worden? Nein. Warum nicht? Das habe ich mich öfter gefragt, als ich zählen kann. Während einige Beziehungen sich wieder zur Freundschaft entspannten, blieb bei anderen die Trennung bestehen. Bei manchen bin ich mir nicht sicher, ob meine versöhnlichen Gesten überhaupt als solche verstanden wurden. Allerdings weiß ich, dass manche Dinge Zeit brauchen. Eine Versöhnung lässt sich nicht forcieren. Ich kann das Herz oder das Denken anderer Menschen nicht ändern. Das kann nur der Herr. Und so bete und warte ich weiter.

Beim Warten scheine ich mit den Augen meines Herzens dieselbe geheimnisvolle Gestalt wahrzunehmen, die in den Schatten des Lebens von Hagar auftauchte – den Engel des Herrn. Es erinnert mich daran, dass er versteht, wie es sich anfühlt, darauf zu warten, dass Menschen, die ihn verletzt hatten, auf sein Angebot der Versöhnung eingehen. Ich weiß, dass er meinen Schmerz wirklich mitfühlt.

Doch diesmal schaut er nicht mich an. Ich stelle mir vor, wie er mit einem Ausdruck unendlicher Liebe und Sehnsucht an mir vorbeischaut. Er schaut Sie an. Er hat den ersten Schritt nicht nur dadurch gemacht, dass er seinen Thron im Himmel verließ, auf die Erde kam und das Kreuz auf sich nahm, sondern auch, indem er Ihnen dieses Buch in die Hand gab. Nun wartet er. Er wartet darauf, dass Sie antworten und durch die Tür gehen, die er mit seinen von Nägeln durchbohrten Händen geöffnet hat. Eine Tür, die zur Versöhnung mit seinem Vater und mit ihm selbst führt – und mit der Zeit auch zur Versöhnung mit den *anderen*, durch die Sie verletzt wurden. Wie bei Isaak und Ismael ist es eine Versöhnung, die durch einen Tod möglich wurde – durch seinen Tod. Sie können versöhnt werden, wenn Sie ihm – und den Menschen, die Sie verletzt haben – am Fuß des Kreuzes begegnen.

ZUM SCHLUSS

Das Ende des Heilungsweges

Es ist Zeit, nach Hause zu kommen

Kommt her zu mir, alle, die ihr mühselig und beladen seid; ich will euch erquicken.

Und der Geist und die Braut sprechen: Komm! Und wer es hört, der spreche: Komm!

Und er machte sich auf und kam zu seinem Vater. Als er aber noch weit entfernt war, sah ihn sein Vater und es jammerte ihn, und er lief und fiel ihm um den Hals und küsste ihn. Der Sohn aber sprach zu ihm: Vater, ich habe gesündigt gegen den Himmel und vor dir; ich bin hinfort nicht mehr wert, dass ich dein Sohn heiße.

Matthäus 11,28; Offenbarung 22,17; Lukas 15,20-21

Am 10. Juni 2012, einem Sonntag, hätte meine Mutter ihren zweiundneunzigsten Geburtstag gefeiert. Während sie im Himmel feierte, wollte ich ihren Geburtstag mit meinem Vater feiern. Aufgrund einer Indienreise, einer anschließenden Erkrankung und einem sehr vollen Terminkalender hatte ich ihn seit fast zwei Monaten nicht gesehen. Und so fuhr ich an jenem Wochenende vier Stunden lang im Stoßverkehr nach Hause. Die anstrengende Fahrt war der Mühe mehr als wert, nicht nur, weil ich immer so gern mit meinem Vater zusammen bin, sondern auch wegen seiner Begrüßung. Ich betrat das Haus, stellte meine Sachen ab und rief auf dem Weg in den Wohnbereich: „Daddy." Als ich sein Zimmer betrat, hellte sich sein Gesicht auf; er streckte mir die Arme entgegen, umarmte mich herzlich und hielt mich in seinen starken Armen umschlungen. Er wusste, dass ich auch als erwachsene Frau, wenn ich heimkomme, im Herzen wieder das kleine Mädchen bin, das es liebt, sich in den Armen des Vaters zu bergen. Mitten in allem Stress des Lebens mit seinen Schwierigkeiten, Belastungen, Nöten und Problemen hat die Liebe meines Vaters etwas Heilendes für mich.

Ich frage mich ..., waren Sie auch eine Weile von Ihrem himmlischen Vater getrennt? Haben Sie vielleicht eine Reise in ein fernes Land unternommen, wo Sie anders gelebt haben, als es ihm wohlgefällt?[175] Vielleicht haben Ihre Verletzungen Sie durch Bitterkeit, Scham oder Schuld krank gemacht. Vielleicht scheuen Sie vor der Begegnung mit ihm zurück, weil Sie nicht glauben, dass er Sie sehen möchte. Vielleicht waren Sie durch einen übervollen Terminkalender so beschäftigt, dass er aus Ihrem Leben verdrängt wurde. Vielleicht haben Sie, ohne zu wissen warum, die Liebe Ihres Vaters schon seit einer ganzen Weile nicht mehr gespürt. Seit einer ziemlich langen Weile.

Es ist an der Zeit, das alles abzulegen – Ihre Geschäftigkeit, Ängste, Zweifel, Befürchtungen, Schuldgefühle, Unsicherheiten – und in seine Gegenwart zu kommen; auf die Knie zu gehen und zu beten; zu ihm zu rufen; ihn beim Namen zu nennen, *Abba ... Papa*.[176] Spüren Sie, wie er Sie liebevoll in die Arme schließt und an sich drückt, weil Ihr himmlischer Vater Sie liebt! Es liegt Heilung in seiner gütigen Umarmung. Es ist Zeit, nach Hause zu kommen!

Vielleicht befürchten Sie, dass Sie nach jahrelangem Umherziehen, belastet von schmerzlichen Erinnerungen mit all dem emotionalen und geistlichen Ballast, irgendwie nicht nach Hause kommen *können*. Dass es zu spät ist und Ihr Vater Sie nicht empfangen wird; dass Sie seinen Segen in Ihrem Leben verspielt haben; dass seine Liebe zu Ihnen mit der Zeit irgendwie nachgelassen hat. Aber, lieber verwundeter Leser, Sie sind der Grund, warum er vom Thron im Himmel aufgestanden ist, sein Gewand der Herrlichkeit abgelegt hat und in die Wildnis dieser Welt herabgekommen ist. Weil er Sie in Ihrem hoffnungslosen, hilflosen, verwundeten Zustand gesehen hat und gekommen ist, Sie zu suchen, damit Sie zu ihm kommen und er Ihnen überfließendes, ewiges Leben geben kann. Er sehnt sich danach, Ihre Stimme zu hören, die seinen Namen anruft, damit er Sie in seine Liebe einhüllen und Sie mit seiner Freude und seinem Frieden erfüllen kann.

Kürzlich hatte ich ein Gespräch mit einer hübschen jungen Frau, die bekannte, wie sehr sie darunter litt, nicht nur verwundet zu sein, sondern auch selbst verwundet zu haben. Sie hatte zwei Abtreibungen hinter sich und konnte deshalb kein Baby mehr bekommen, obwohl sie es sich nun verzweifelt wünschte. Doch noch stärker als die unstillbare Sehnsucht nach einem Kind waren ihre Gefühle der Scham und Schuld. Sie war überzeugt, dass sie wegen der Entscheidungen, die sie vor Jahren aus Unwissenheit und Verzweiflung getroffen hatte, nie wieder von Gott angenommen werden könnte. Sie war sicher, dass Gott sie damit bestrafen würde, für den Rest ihres Lebens kinderlos zu bleiben. In ihrem Gesichtsausdruck spiegelte sich völlige Hoffnungslosigkeit.

Diese junge Frau hat zwar immer noch kein Baby, aber sie hat jetzt wieder Hoffnung. Sie lernte, dass unsere Entscheidungen zwar Konsequenzen haben, uns aber nie von Gottes Liebe trennen können. Und er bestraft uns nicht für unsere Sünde, indem er uns ein Baby oder irgendetwas Gutes vorenthält.

Der Lohn der Sünde ist der Tod – nicht unser eigener, sondern der Tod seines geliebten Sohnes an unserer Stelle. Dasselbe Gesicht, in dem einmal tiefe Hoffnungslosigkeit lag, spiegelt jetzt das Licht seiner Gegenwart wider. Auch wenn sie weiter sehnsüchtig für ein Baby betet, hat sie leidenschaftliche Freude daran gefunden, Gott kennenzulernen, und möchte seine Absichten für ihr Leben erfüllen. Seine Liebe hat ihr Herz geheilt.

Gott ist der Gott, der Sünder liebt. Er liebt die, die verwunden, und die, die verwundet sind. Er ist der Gott der zweiten Chance – und der dritten und der vierten! Statt Sie zu verwerfen, geht er Ihnen nach und möchte Sie in seine liebenden Arme ziehen, damit Sie von Ihren Wunden geheilt werden. Gott gibt Hoffnung, wo keine Hoffnung mehr existiert, weil

Gott Sie liebt. Er liebt Sie wirklich! Es ist keine Täuschung. Er ist da. Ganz nah. Bei Ihnen. *Jetzt*. Doch um die Fülle seiner heilenden Liebe zu erfahren, müssen Sie die Tür zu Ihrer Vergangenheit schließen.

Als Teenagerin hatte ich Pferde, die in einem Stall der Phillips-Farm eingestellt waren. Um zu der Scheune zu gelangen, musste ich über einen Wirtschaftsweg fahren, der durch ein Maisfeld führte. Am anderen Ende des Maisfeldes befand sich eine eingezäunte Kuhweide mit einem Gatter. Ich musste sorgfältig darauf achten, das Gatter hinter mir zu schließen, wenn ich die Scheune verließ. Sonst konnten die Kühe hinter mir aus der Umzäunung ausbrechen und das Maisfeld zerstören.

Liebe verwundete Leser, es ist an der Zeit, dass Sie das Gatter hinter sich schließen. Lassen Sie nicht zu, dass die Erinnerungen und Misshandlungen, die Worte und die Wunden, die Eifersucht und die Heuchelei, die Täuschung und die Unehrlichkeit, das lose Gerede und der unbeständige Lebenswandel, die Gemeinheit, Unfreundlichkeit, Unverschämtheit, Überheblichkeit, Selbstsucht, Sündhaftigkeit, Ungerechtigkeit und Benachteiligung von Menschen in der Vergangenheit sich in die Gegenwart einschleichen und den verheißenen Segen und die Hoffnung für die Zukunft ruinieren. Lassen Sie nicht zu, dass die *anderen* Ihnen am Ende Ihres Lebens die schlimmste Wunde zufügen, indem Sie feststellen, dass Ihr Leben vergeudet wurde. Verkümmert ist. Hinter Gottes Absichten zurückblieb. Weil *Sie* nicht bereit waren, das Gatter hinter sich zu schließen. Also ... schließen Sie es.

> Lassen Sie die Vergangenheit los, damit Sie vorwärtsgehen können und frei sind für alles, was Gott für Sie bereithält.
>
> Lassen Sie Ihren Groll über die Art und Weise los, wie Sie behandelt wurden.

Lassen Sie Ihre Bitterkeit gegenüber anderen Menschen los, die Ihnen ein falsches Bild von Gott vermittelt haben.

Lassen Sie Ihre Unversöhnlichkeit gegenüber Menschen los, die Ihnen Wunden zugefügt haben.

Lassen Sie Ihre Herzenshärte gegenüber Menschen los, von denen Sie abgelehnt wurden.

Lassen Sie den überwältigenden Wunsch los, Ihr eigenes Handeln zu rechtfertigen und das Handeln der anderen durchzukauen.

Lassen Sie Ihre nachtragende Haltung oder den Wunsch nach Vergeltung los.

Lassen Sie Ihren Groll gegen Gott, der Ihre Verwundung zugelassen hat, los.

Lassen Sie das Leben Ihrer früheren Träume los, das jetzt durch andere Menschen getrübt wurde.

Lassen Sie einfach los!

Machen Sie sich nichts aus der Ungerechtigkeit und Verletzung und Verwirrung und Angst und Einsamkeit und Leere und Dürre und Verwundung. Lassen Sie das Gestern los.

Das war damals. Jetzt geht es um heute.

Gott ruft Sie heute. Ich kann seine leise, sanfte Stimme wie ein Echo hören, das sich durch die Geschichte von Hagar zieht, einer ägyptischen Sklavin, die durch Gottes Volk verwundet wurde, eine Gläubige im Exil, die durch die Wüste wanderte: *Was ist dir? Hab keine Angst. Ich habe den Schrei deines Herzens gehört. Ihr Schrei ist bis zum Himmel vorgedrungen und von dort zurück in mein Herz gefallen. Ich habe dieses Buch für Sie* geschrieben.

Gott hat einen wunderbaren Plan für Ihr Leben, der schon heute beginnt, so wie Gott auch Hagar weiterführte.[177] Um in seine Absichten für Ihr Leben hineinzukommen, müssen Sie tun, was Hagar tat. Lassen Sie die Vergangenheit los, damit Sie die Zukunft annehmen können, die Gott für Sie hat, besonders wenn diese sich von der Zukunft unterscheidet, die Sie einmal geplant hatten. Kommen Sie an das Ende Ihres Heilungsweges, indem Sie den Menschen vergeben, die Sie verletzt haben; die das Bild von dem Leben, das Sie einmal führen wollten, getrübt haben. Lieben Sie diese Menschen, nicht nur mit Worten, sondern auch, indem Sie etwas Aufopferndes für sie tun. Und dann lassen Sie los. Genießen Sie es, endlich frei zu sein! Endlich geheilt zu sein! Machen Sie sich keine Gedanken über *sie*, wer immer sie auch sein mögen. Es ist an der Zeit, dass *Sie* weitergehen. Ergreifen Sie von heute an alles, was Gott für Sie hat. Nehmen Sie den Einen an, der Sie sieht. Den Gott, der Ihnen nachgegangen ist. Den Gott, der gerade in diesem Moment darauf wartet, dass Sie seinen Namen flüstern …

NACHWORT

Tief gebrochen

Die persönlichen Geschichten, die ich Ihnen in diesem Buch erzählt habe, sind die kleine Spitze eines größeren, hässlichen Eisbergs. Die Wunden in meinem Leben reichen fast in jedem Bereich tief – Familie, Gemeinde, geistlicher Dienst und Gesellschaft. Ich habe einige der besonders schweren Erfahrungen nicht geschildert, um nicht selbst – wieder – jemand zu sein, der andere verwundet.

Ich bin überzeugt, dass ich heute nur noch ein Schatten meiner selbst wäre, wenn Gott nicht durch seine mehr als ausreichende Gnade, Barmherzigkeit und Macht meine Wunden verbunden und mein gebrochenes Herz geheilt hätte. Statt zu kämpfen, zurückzuschlagen oder einzuknicken, habe ich den Schmerz angenommen. Ich habe Gott gebeten, den Schmerz zu gebrauchen, um mich tief „umzupflügen". Das hat er getan. Mein Glaube wird stärker und mein Vertrauen zu ihm wächst, und das aus einem einfachen, aber tiefen Grund: Gott ist *mit* mir, Sein Geist ist *in* mir, und sein Sohn Jesus geht *vor* mir her.

Ich kann ehrlich sagen, dass ich ihn mehr liebe und ihm mehr vertraue, *weil* ich verwundet wurde. Ich weiß, dass er am Ende aller Dinge alles in Ordnung bringen wird. Er wird die Beweggründe, die Anschuldigungen, den Verrat, die Eifersüchteleien, die Täuschungen, die Verleumdungen, die Lügen und das Geschwätz sortieren. Das macht mich frei, mit meinem Leben vorwärts zu gehen und jeden Moment in seiner Gegenwart zu leben.

Doch ich gestehe auch, dass ich von Zeit zu Zeit zu Gott geschrien habe: „Herr, hast du das gesehen? Hast du das gehört?" Und ich weiß, das hat er. Seine Antwort war einfach und er hat sie mir immer und immer wieder wiederholt: „Die Rache ist mein; ich will vergelten … Seid auch ihr geduldig und stärkt eure Herzen; denn das Kommen des Herrn ist nahe. Seufzt nicht widereinander, damit ihr nicht gerichtet werdet. Siehe, der Richter steht vor der Tür."[178]

Der Richter steht vor der Tür. Gott wird für die Abrechnung sorgen. Aber vielleicht noch nicht gleich. Von Zeit zu Zeit erinnere ich mich an die Geschichte von zwei Bauern, die im Oktober kurz vor der Ernte auf ihre Weizenfelder schauten. Der eine Bauer war ein Agnostiker, der nicht an Gott glaubte, nie in die Kirche ging und sonntags genauso hart arbeitete wie an den sechs Wochentagen. Der andere Bauer war ein frommer Christ, der immer den Gottesdienst besuchte und sonntags nie arbeitete. Der erste Bauer spottete über den zweiten, weil sein Feld durch die siebentägige Arbeitswoche mehr Getreide einbrachte, was beweise, dass es sich nicht lohne, Gott zu ehren. Der zweite Bauer dachte einen Moment nach und antwortete dann gelassen: „Nun, Gott macht nicht alle seine Abrechnungen im Oktober!"

Vielleicht rechnet Gott nicht nach unserem Zeitplan ab, aber er wird für die Abrechnung sorgen. Der Richter steht vor der Tür. Jesus kommt wieder! Also werde ich geduldig bleiben und ihm die Vergeltung überlassen. Ich für meinen Teil will jedenfalls nicht, dass er mich bei seiner Rückkehr dabei antrifft, wie ich meine Wunden lecke, Rachepläne schmiede, Groll hege oder auf sonstige Weise versuche, vorwärts zu gehen, während ich in den Rückspiegel schaue.

Mich ermutigt der Hinweis des Apostels Paulus, dass er die Malzeichen des Herrn Jesus an seinem Körper trug – dass er mit Christus gekreuzigt war und einen Dorn im Fleisch hatte.[179] All das sind Wunden. Doch er hielt sich nicht mit seinen Wunden auf, sondern verfolgte klar sein Ziel. Während er unschuldig im Gefängnis saß, weil er das Evangelium gepredigt hatte, beschrieb er das leidenschaftliche Ziel seines Lebens so: „Ihn [Christus] möchte ich erkennen und die Kraft seiner Auferstehung und die Gemeinschaft seiner Leiden und so seinem Tode gleich gestaltet werden … ich schätze mich selbst nicht so ein, dass ich's ergriffen habe. Eins aber sage ich: Ich vergesse, was dahinten ist, und strecke mich aus nach dem, was da vorne ist, und jage nach dem vorgesteckten Ziel, dem Siegespreis der himmlischen Berufung Gottes in Christus Jesus."[180]

Paulus wurde durch seine Wunden tief umgepflügt, und der Glaube, der in seinem Leben Wurzeln fasste und wuchs, bringt seit zweitausend Jahren reiche, ewige Frucht. Ohne die Wunden in seinem Leben – oder in meinem oder Ihrem Leben – würden er und wir hohl bleiben, nur an der Oberfläche unserer Beziehung zu Gott leben und keine ewige, geistliche Frucht hervorbringen.

Davon war auch einer der frühen puritanischen Autoren überzeugt, der in dem folgenden Gebet meinen Herzenswunsch, „tief gebrochen" zu werden, sehr schön zum Ausdruck brachte. Und dieser Zerbruch bedeutet Schmerz. So wie ein Feld durch den Pflug verletzt wird, der das Erdreich aufbricht, damit der Same eingepflanzt werden kann, muss auch mein Leben tief umgepflügt werden – verwundet werden, sogar bis zum tiefen Punkt des „Sterbens".[181] Dies ist also mein Gebet. Machen Sie es auch zu Ihrem …

Herr Jesus,
Gib mir eine tiefere Buße,
 eine Abscheu gegen die Sünde,
 einen Schrecken, ihr auch nur zu nahen.

Hilf mir, mit lauterem Herzen vor ihr zu fliehen,
  und eifersüchtig darüber zu wachen, dass mein Herz
  nur dir allein gehört.
Gib mir ein tieferes Vertrauen,
  mich selbst zu verlieren, um mich in dir zu finden,
  dem Boden meiner Ruhe, der Quelle meines Seins.
Gib mir eine tiefere Erkenntnis deiner selbst
  als Erlöser, Meister, Herr und König.
Gib mir tiefere Kraft im stillen Gebet,
  mehr innige Freude an deinem Wort
  und ein beständigeres Ergreifen seiner Wahrheit.
Gib mir tiefere Heiligkeit im Reden, Denken, Handeln
  und lass mich nicht nach moralischer Tugend getrennt von
  dir streben.
Pflüge tief in mir, großer Herr,
  himmlischer Bräutigam,
  auf dass mein Sein ein beackertes Feld ist,
  in dem die Wurzeln der Gnade sich ausbreiten,
  bis nur du allein in mir gesehen wirst,
  deine Schönheit, golden wie die Sommerernte,
  deine Fruchtbarkeit wie die Fülle im Herbst.
Ich habe keinen als nur dich zum Meister,
  kein Gesetz als nur deinen Willen,
  keine Freude außer dir,
  keinen Reichtum als nur, was du gibst,
  nichts Gutes, das du nicht gesegnet,
  keinen Frieden, den du nicht geschenkt.
Ich bin nur das, was du in mir schaffst.
Ich habe nur, was ich von dir empfange.
Ich kann nur sein, was deine Gnade mir verleiht.
Grabe tief in mir, lieber Herr,
  und fülle mich dann überströmend
  mit dem lebendigen Wasser.[182]

~ DANK ~

Aufgerichtet

Er erlöste sie, weil er sie liebte und Erbarmen mit ihnen hatte. Er nahm sie auf und trug sie allezeit von alters her.
Jesaja 63,9

Dieses Buch war nicht leicht zu schreiben. Als ich über meine Lebenserfahrungen nachdachte, um Beispiele zu finden, die ich Ihnen mitteilen kann, erinnerte der Heilige Geist mich an längst vergessene Wunden. Bei jeder musste ich in die Situation zurückkehren und der Person vergeben, die mich verletzt hatte – meiner Lehrerin in der fünften Klasse, den Lehrkräften des Internats und anderen Menschen, die ich hier erwähnt habe. Und so war das Schreiben dieses Buchs in gewisser Weise ein Heilungsweg für mich. Doch dieser Weg, um ganz ehrlich zu sein, geht ein Leben lang weiter. Denn während einerseits Wunden geheilt werden, werden andere Wunden zugefügt. In den vier Jahren, in denen ich *Wounded by God's People* schrieb, bin ich verletzt worden. Immer wieder. Tatsächlich waren die Wunden so schwer wie in jeder anderen Zeit meines Lebens. Ich habe also die Erfahrung gemacht, dass Gott mich die Einsichten, die ich auf diesen Seiten mitteile, selbst noch einmal neu erfahre.

Und er lehrt mich weiter, dass es ein Lebensstil ist, in der Vergebung zu leben, die ich von ihm empfange und die ich anderen gebe.

In seiner Treue hat Gott mir Menschen an die Seite gestellt, die mich beim Schreiben unterstützt haben. Zwar bleibt am Ende dieses Buches nicht genug Raum, sie alle zu nennen, doch ich möchte besonders den Mitgliedern meines Herausgeberteams bei Zondervan danken, die wirklich über das zu Erwartende hinausgegangen sind, damit dieses Buchprojekt zu einem erfolgreichen Abschluss geführt werden konnte.

Cindy Lambert – aufgrund beträchtlicher Verzögerungen beim Schreiben wurde ich von Zondervan eingeladen, nach Grand Rapids zurückzukehren und meinem Herausgeberteam ein zweites Mal meine Vision für *Wounded by God's People* vorzustellen. Sie gaben mir ihren Segen, doch als das Team den Konferenzraum verlassen hatte, kam Cindy, die damals Interimsherausgeberin war, zu mir, nahm mich bei der Hand und sagte, dass sie für mich beten würde, weil sie wusste, dass es ein schwieriger Schreibprozess werden würde. Ihre Umsicht, die sie zum Gebet veranlasste, und ihre Einfühlsamkeit im Gebet sind mir nachgegangen. Danke, Cindy, für diese Unterstützung; und ich bete meinerseits, dass Ihnen beim Lesen immer wieder bewusst wird, dass unser Gott ein Gott ist, der Gebet hört und Gebet beantwortet.

Sandy Vander Zicht war von Anfang an meine Editorin bei Zondervan. Diese ausgezeichnete, starke, professionelle Editorin hat mehrere andere Bücher herausgebracht, die momentan auf der Bestsellerliste der *New York Times* stehen. Wir sind Freundinnen geworden. Doch für *Woundes by God's People* hat sie nicht nur ihre editorische Kompetenz eingebracht, sondern auch ihr Herz. Sie hat sich ganz in den Prozess investiert und sich tiefer beteiligt, als es von ihr verlangt wurde und als ich erwartet hätte. Dieses gesamte Buch wurde dadurch aufgewertet und ich selbst ermutigt. Danke, liebe Sandy.

Dudley Delffs war der Redakteur bei Zondervan, der meiner Vision für dieses Buch seinen Segen gab, als ich es erstmals vorstellte. Inzwischen hat er Zondervan verlassen, um andere Aufgaben zu übernehmen, doch als ich Schwierigkeiten mit dem zweiten Entwurf des Manuskripts hatte, fragte ich ihn, ob er Sandy und mir bei der Redaktion des Inhalts helfen könnte. Das tat er. Auf freundliche und ermutigende Weise schenkte er mir Ideen, Anregungen, Kritik und Lob. Er spornte mich an, über das hinauszuwachsen, was ich aus mir heraus geschrieben hätte. Danke, Dudley, dass Sie mich dort, wo ich vor Ihrer Unterstützung war, abgeholt und weitergebracht haben.

Londa Alderink leitete das Marketing- und Design-Team, das die Vision für das Cover von *Wounded by God's People* hatte. Ihr aufmerksames Eingehen auf meine Vorschläge, ihr Ohr für meine Bedenken und ihre Fähigkeit, die Essenz des Buches in der Umschlaggestaltung einzufangen, haben mich ganz am Ende des Buchprojekts ermutigt und mir Wind in die Segel gegeben, als ich das Manuskript zu Abschluss brachte. Danke, Londa.

Scott McDonald, der Geschäftsführer von Zondervan, und *Tracy Danz*, die Verlegerin für Sachbücher bei Zondervan, haben sich mit großem Entgegenkommen mehrmals mit mir getroffen, mir ihren Segen gegeben und mich ermutigt. Dies hatte zur Folge, dass die Unterstützung des Teams während der ausgedehnten Periode des Schreibens nie in Frage gestellt wurde. Ohne sie wäre dieses Buch nicht veröffentlicht worden. Danke, Scott und Tracy.

Bob Hudson war der Mitarbeiter in meinem Zondervan-Team, der letzte Hand an das Manuskript legte, bevor es in Druck ging. Er gab den Worten den letzten Schliff, korrigierte die Tempora und prüfte die Quellenangaben und Zitate … alles mit stiller, freundlicher Effizienz. Danke, Bob. Auch dafür, dass Sie meine Liebe zu *The Valley of Vision* teilen.

Vor allem möchte ich dem Gott Hagars danken, dem Engel des Herrn, der erfüllt hat, was er in Psalm 147,3 versprach:

„Er heilt, die zerbrochenen Herzens sind, und verbindet ihre Wunden."

Nun bete ich, dass Sie, liebe Leser, durch das gemeinsame Bemühen aller Beteiligten ermutigt wurden. Möge Gott Sie segnen und Sie zum Ende Ihres Heilungsweges bringen.

Anne

ANMERKUNGEN

Prolog
1. Josua 7
2. Johannes 1,11
3. Matthäus 9,3
4. Matthäus 9,34
5. Matthäus 12,14
6. Matthäus 22,15
7. Matthäus 26,3-4
8. Matthäus 26,57.67
9. Matthäus 27,1-2.26
10. 1. Petrus 2,23 (NL)
11. Hebräer 12,2-3

Einleitung: Heilung ist ein Weg
12. Anne Graham Lotz, *The Magnificent Obsession: Embracing the God-Filled Life*, 2009, Grand Rapids
13. Abgesehen von Jesus Christus ist Abraham vielleicht der größte Mensch in der Menschheitsgeschichte. Juden, Christen und Muslime betrachten ihn alle als ihren Patriarchen. Und Gott nannte ihn „Freund".

Die Geschichte von Hagar in der Bibel
14. *Ismael* bedeutet „der Herr hört".
15. Genesis 12,14.16; 13,1; 16,1-16 (NL); 21,1-21

Kapitel 1: Am Rand der Gesellschaft von Gott geliebt
16. Genesis 12,15
17. Genesis 12,16
18. Genesis 20,12

19 Genesis 12,3
20 Genesis 12,17
21 Genesis 12,20
22 Josua 2,6
23 Josua 2,10
24 Josua 2,11
25 Josua 2,11
26 Josua 6,15-23
27 Römer 3,23
28 Epheser 1,7
29 Johannes 3,16; Römer 6,23
30 Johannes 17,3
31 Offenbarung 3,20
32 Johannes 8,12; 10,27; 12,26
33 Und Sie sind wirklich gerettet! Wenn Sie Gott aufrichtig angerufen haben, hat er Sie erhört. Jetzt, in diesem Augenblick, sind Sie errettet. Er gibt Ihnen sein Wort:

Der Herr ist allen nahe, die ihn anrufen,
  allen, die ihn aufrichtig anrufen.
Er erfüllt die Wünsche derer, die ihn achten,
  er hört ihre Hilfeschreie und rettet sie.
  (Psalm 145,18-19; NL).

Nehmen Sie Gott beim Wort. Er ist ein Gentleman – er lügt nicht; er meint, was er sagt, und er sagt, was er meint. Wenn er sagt, dass Ihnen vergeben ist, dann ist Ihnen vergeben. (1. Johannes 1,9; Epheser 1,7). Wenn er sagt, dass Sie ewiges Leben haben, dann haben Sie ewiges Leben (Johannes 3,16; Epheser 1,13-14). Wenn er sagt, dass er in Ihnen wohnen und Sie nie verlassen oder aufgeben wird (Hebräer 13,5), dann lebt er in diesem Moment durch die Person des Heiligen Geistes in Ihnen und wird Sie nie verlassen oder aufgeben. Wenn er sagt, dass er

Sie liebt (Jeremia 31,3), liebe Leserin, lieber Leser an der Peripherie, dann liebt er Sie wirklich! Wenn er etwas sagt, dann ist es so! (Psalm 119,89).

Kapitel 2: Das Leben ist hart
34 Galater 5,17-21
35 Römer 3,23; Jeremia 17,9
36 Genesis 13,4
37 Genesis 14,22
38 Genesis 12,1-3
39 Genesis 15,2-6
40 Genesis 13

Kapitel 3: Der Schmerzkreislauf
41 Genesis 16,2
42 Genesis 16,2.4
43 Genesis 2,24
44 Genesis 16,4
45 Genesis 16,5-6
46 Matthäus 5,22; einige alte Handschriften fügen hinzu: „Ich aber sage euch: Wer mit seinem Bruder zürnt, der ist des Gerichts schuldig."
47 1 Samuel 1,6.7.15 (NL)
48 1 Samuel 1,15-16 (NL)
49 1 Samuel 1,18 (NL)
50 1 Samuel 2,21
51 1 Samuel 2,1-10
52 Genesis 16,6
53 Genesis 16,6

Kapitel 4: Gläubige im Exil
54 http://marquee.blogs.cnn.com/2010/07/30/anne-rice-leaves-christianity.

Kapitel 5: Gott achtet auf Sie
55 Psalm 5,2-4.6-7.9-10.11.12-13
56 Genesis 16,7
57 Johannes 21,1-3
58 Genesis 16,7
59 Genesis 32,23-33
60 Josua 5,13 – 6,5
61 Richter 6,11-12
62 Psalm 139,7-10

Kapitel 6: Geistlich blinde Flecken
63 Genesis 16,8
64 Genesis 16,8
65 Genesis 16,4
66 Matthäus 7,3-5
67 Sylvia Gunter, *Prayer Portions*, Birmingham 1995
68 Genesis 16,9-10
69 Genesis 16,13
70 Genesis 16,5
71 Genesis 16,15
72 Apostelgeschichte 3,19

Kapitel 7: Verwundungen tun weh
73 Johannes 15,1-2
74 Hebräer 12,11
75 Genesis 15,5
76 Galater 4,29
77 Genesis 21,10
78 Genesis 2,24; Matthäus 19,4-6
79 Genesis 21,11
80 Genesis 21,12-13
81 Genesis 21,14
82 Jesaja 55,9

83 Psalm 23,3
84 Römer 8,29; Johannes 15,8
85 Jesaja 53,4-5.10 (NL)
86 Johannes 3,16
87 1. Petrus 2,23 (NL); 1. Johannes 3,16 (NL)
88 Hebräer 2,14; 1. Korinther 15,55-57; Römer 3,25; Titus 2,14; Johannes 14,1-3; Hebräer 2,10
89 Lukas 24,1-7
90 Johannes 17,5
91 Epheser 1,19-23
92 Hebräer 12,1-3

Kapitel 8: Von Menschen abgelehnt
93 Klagelieder 2,11; 3,19-23
94 Die deutsche Übersetzung trägt den Titel „Bleibend ist deine Treu".
95 Johannes 1,11

Kapitel 9: Weg durch die Wüste
96 Exodus 20,21 (NL)
97 Exodus 16,10
98 Genesis 21,14
99 Genesis 16,13
100 Genesis 21,15
101 Exodus 33,18
102 Exodus 33,19; 34,6
103 2. Korinther 1,3-4
104 Hiob 12,13; Jesaja 55,8-9
105 2. Korinther 12,9
106 Exodus 15,26; Psalm 147,3; Johannes 10,3-4.11.14

Kapitel 10: Gott steht bereit
107 Genesis 12,8; 13,4; 18,16-33
sind nur drei Beispiele für Abrahams Gebetsleben.
108 Genesis 12,7; 13,18
109 Genesis 21,15-16
110 Genesis 16,10
111 Die Geschichte ist wahr, aber Marias Name wurde geändert, um ihre Identität zu schützen. Weitere Geschichten wie ihre können Sie in dem Buch *Dreams and Visions: Is Jesus Awakening the Muslim World?* von Tom Doyle (Nashville 2012) nachlesen.
112 Jona 2,2-7
113 Markus 6,48

Kapitel 11: Das Schweigen wird gebrochen
114 Diese wunderbare Beschreibung für Gott war ein markanter Ausspruch des inzwischen verstorbenen Dr. T. E. Koshy, der für viele ein Mentor und Freund war, darunter mein Freund Joel Rosenberg.
115 Der Schaden an Mutters Auto wurde so gut behoben, dass es wieder wie neu aussah. Und ich wurde tatsächlich zu einer besseren Fahrerin. Ich machte meinen Führerschein mit sechzehn Jahren und habe bis den heutigen Tag, im Alter von fünfundsechzig Jahren, nie einen Strafzettel bekommen. Zwar war ich in einige weitere Unfälle verwickelt, doch ich habe nie wieder selbst einen Unfall verursacht, wofür ich Gott danke! Die ermutigenden und weisen Worte meines Vaters haben sich bewahrheitet.
116 Genesis 17,1-22
117 Genesis 17,23-27
118 Genesis 18,13-14
119 Genesis 18,20-33
120 Genesis 20,1-18

121 Genesis 12,14-20
122 Genesis 21,17
123 Genesis 21,17
124 Genesis 21,17

Kapitel 12: Ein hartnäckiger Geist
125 William Lobdell, *Losing My Religion: How I Lost My Faith Reporting on Religion in America and Found Unexpected Peace*, New York 2009
126 Genesis 21,17
127 Hebräer 13,5
128 1. Chronik 16,34
129 Jesaja 63,9
130 Genesis 50,20
131 Lukas 1,37

Kapitel 13: Der Wendepunkt
132 1. Könige 19,1-21
133 1. Könige 19,7
134 1. Könige 19,9
135 Genesis 21,17
136 Jesaja 54,11-13 (Schlachter) Das Nomen für „Söhne" oder „Kinder" steht im Bibeltext im Plural. Ich habe mir die Freiheit genommen, es im Singular als Gottes tröstenden und ermutigenden Zuspruch über meinen eigenen Sohn zu hören.
137 Genesis 21,18
138 Johannes 19,26-27
139 Lukas 23,39-43
140 Matthäus 8,3
141 Matthäus 8,14-15
142 Matthäus 9,29
143 Matthäus 17,7

144 Das bedeutet: Gib mir einfach nur Jesus. (Anm. d. Übers.)

Kapitel 14: Ich kann sehen!
145 Genesis 21,19
146 Exodus 17,3-6
147 2. Korinther 1,3-4
148 siehe Genesis 21,19
149 Genesis 21,18
150 Die Gebete in diesem Band haben auch im Herzen meines Bruders Ned einen Nachhall gefunden. Er las eines von ihnen bei der Trauerfeier für meine Mutter.
151 Arthur Bennett, Hrsg., *The Valley of Vision: A Collection of Puritan Prayers and Devotions*, Edinburgh 1975, XXIV.

Kapitel 15: Nicht zurückschauen
152 Huckabee, Fox News, 17. März 2012
153 Genesis 19,17
154 Genesis 19,26
155 Genesis 21,19
156 Genesis 21,18
157 Genesis 21,21
158 Kolosser 3,13
159 Matthäus 6,15
160 C. S. Lewis, *God in the Dock*, Grand Rapids 1972, S. 49
161 Epheser 4,32
162 Die Geschichte ist wahr, aber der Name wurde geändert.
163 1. Johannes 3,16.18.23
164 Die Geschichte ist wahr, aber Jays Name wurde geändert, um seine Privatsphäre zu schützen.
165 Lukas 23,34
166 Crawford Loritts ist Seniorpastor der *Fellowship Bible Church* in Atlanta, Georgia. Er spricht oft als Referent

bei den *Promise Keepers* und ist einer der beiden Männer, die in meiner Video-Bibelstudienreihe *Expecting to See Jesus* mit mir über Erweckung sprechen.
167 Johannes 20,26-27
168 Philipper 2,8-11; Offenbarung 5,6-16
169 Epheser 1,17-18

Kapitel 16: Es ist Zeit, weiterzugehen
170 Und, ja, ich ließ auf diese Entscheidung, ihr zu vergeben, auch aufopfernde Taten folgen.
171 John Ortberg, *Who Is This Man? The Unpredictable Impact of the Inescapable Jesus*, Grand Rapids 2012, S. 89.
172 Genesis 25,8-9
173 Die Geschichte ist wahr, aber der Name wurde geändert, um Davids Privatsphäre zu schützen.
174 Hebräer 4,15-16

Zum Schluss: Das Ende des Heilungsweges
175 Lukas 15,13
176 Römer 8,15; Galater 4,6
177 Jeremia 29,11

Nachwort: Tief gebrochen
178 Römer 12,19; Jakobus 5,8-9
179 Galater 6,17; 2,20; 2. Korinther 12,7
180 Philipper 3,10.13-14
181 In Johannes 12,24-25 benutzte Jesus genau diese Analogie, als er sagte: „Wahrlich, wahrlich, ich sage euch: Wenn das Weizenkorn nicht in die Erde fällt und erstirbt, bleibt es allein; wenn es aber erstirbt, bringt es viel Frucht. Wer sein Leben lieb hat, der verliert es; und wer sein Leben auf dieser Welt hasst, der wird's bewahren zum ewigen Leben."

182 „The Deep", von Arthur Bennett, Hrsg., The Valley of Vision: A Collection of Puritan Prayers and Devotions, Edinburgh 1975, S. 134.

Bei uns gibt es viele gute Bücher für Alltag und Glauben!

cap-books
Oberer Garten 8
72221 Haiterbach-Beihingen
07456-9393-0
E-Mail: info@cap-music.de
Onlineshop: www.cap-music.de